中国最美100个古镇古村

100 MOST BEAUTIFUL ANCIENT TOWNS AND VILLAGES OF CHINA

《图行世界》编辑部 编著

中国旅游出版社

目录 Contents

四季最佳旅行地

春季 002

Top1 | 婺源（李坑、汪口、江岭、庆源）
Top2 | 丹巴

夏季 003

Top1 | 禾木
Top2 | 楠溪江(岩头村、苍坡村)

秋季 004

Top1 | 乌镇
Top2 | 阳朔

冬季 005

Top1 | 丽江
Top2 | 元阳梯田

江南水乡 Chapter 1

001 | 乌镇 / 008
002 | 西塘 / 010
003 | 南浔 / 012
004 | 岩头村 / 014
005 | 芙蓉村 / 016
006 | 俞源 / 018
007 | 诸葛村 / 020
008 | 郭洞 / 022
009 | 皤滩 / 024
010 | 前童 / 026
011 | 泰顺 / 028
012 | 朱家角 / 030
013 | 周庄 / 032
014 | 同里 / 034
015 | 角直 / 036
016 | 锦溪 / 038
017 | 木渎 / 040
018 | 东山 / 042

徽派民居 Chapter 2

019 | 宏村 / 046
020 | 卢村 / 048
021 | 塔川 / 050
022 | 西递 / 052
023 | 唐模 / 054
024 | 关麓 / 056
025 | 棠樾 / 058
026 | 南屏 / 060
027 | 潜口民宅 / 062
028 | 呈坎 / 064
029 | 查济 / 066
030 | 屏山 / 068
031 | 湖村 / 070
032 | 理坑 / 072
033 | 晓起 / 074
034 | 流坑 / 076

035 瑶里 / 078
036 思溪 / 080
037 延村 / 082
038 渼陂 / 084
039 李坑 / 086
040 汪口 / 088
041 江岭 / 090
042 庆源 / 092

岭南风情 Chapter 3

043 洪坑 / 096
044 塔下 / 098
045 四堡 / 100
046 培田 / 102
047 芷溪 / 104
048 下梅 / 106
049 长汀 / 108
050 赤坎 / 110
051 南社 / 112
052 沙湾 / 114

053 大旗头 / 116
054 阳朔 / 118
055 黄姚 / 120
056 兴安 / 122
057 龙脊 / 124

湘黔地带 Chapter 4

058 肇兴 / 128
059 青岩 / 130
060 岜沙 / 132
061 镇远 / 134
062 隆里 / 136
063 郎德上寨 / 138
064 西江 / 140
065 凤凰 / 142
066 洪江古商城 / 144
067 张谷英村 / 146
068 德夯 / 148
069 芙蓉镇 / 150
070 银杏村 / 152

川渝山地 Chapter 5

071 阆中 / 156
072 福宝 / 158
073 上里 / 160
074 洛带 / 162
075 罗泉 / 164
076 丹巴藏寨 / 166
077 黄龙溪 / 168
078 桃坪羌寨 / 170
079 淶滩 / 172
080 西沱 / 174

081 塘河 / 176
082 中山 / 178

边陲小镇 Chapter 6

083 室韦 / 182
084 额济纳 / 184

085 禾木 / 186
086 白哈巴 / 188
087 束河 / 190
088 丽江 / 192
089 沙溪 / 194
090 大理 / 196
091 罗平 / 198
092 元阳 / 200
093 盐井 / 202

北方院落 Chapter 7

094 爨底下 / 206
095 鸡鸣驿 / 208
096 平遥 / 210
097 静升村 / 212
098 碛口 / 214
099 张壁 / 216
100 党家村 / 218

四季
最美古镇
旅行地

四季推荐

春季

Spring

TOP1 婺源（李坑、汪口、江岭、庆源）

TOP 1 | 婺源（李坑、汪口、江岭、庆源）

烟雨蒙蒙，白墙黛瓦掩映在漫天的金灿灿的油菜花中，这似乎已经成为婺源的一张名片。有什么理由不在春天的时候去婺源？是不喜欢烟雨中的白墙黛瓦，还是不喜欢灿烂的油菜花田？

TOP2 丹巴

TOP 2 | 丹巴

如果在春天，如果你想要去一个景致美丽、春花绚烂的地方观景赏花，那就去丹巴吧！片片桃花映衬下的甲居藏寨，湛蓝的天、粉红的花、雪白的墙，藏青的碉楼、黑色的土地，从河谷到山脊，散落在青山绿水中，错落有致，风姿绰约。

四季推荐
夏季
Summer

TOP 1 | 禾木

夏季的禾木是一片花的海洋。大片大片的白桦林布满山坡，各种野花盛开其间，还有娇艳欲滴的野草莓，禾木河静静流淌。图瓦人古老淳朴的小木屋就建在山地草原上，远处雪山环绕。清晨，炊烟袅袅，仿佛进入了爱丽丝的仙境。

TOP 2 | 楠溪江（岩头村、苍坡村）

江南水乡的古村落其实四季都很美，只不过春天略显潮湿，秋天有点萧瑟，冬天难耐寒冷，夏天则不一样：楠溪江为两岸的村落送来了习习凉风，清凉的溪水、如黛的山峰、古朴的村落，有人说，这样的楠溪江一带透着一种“忧郁典雅”的气质。

四季推荐

秋季 Autumn

TOP1 乌镇

TOP 1 | 乌镇

秋高气爽的季节，乌镇显得格外地清丽。小桥流水人家，在干爽的秋日里更加娟秀起来。白日的东栅透着原汁原味的江南水乡的气息，慵懒宜人。宁静的夜晚，漫步在西栅幽深的小巷，看着薄雾从河面上缓缓升起，灯光映衬下如梦如幻。

TOP 2 | 阳朔

阳朔是漓江边最美的城镇，是桂林的山水精华所在。秋天的阳朔有夏天一样丰盈的水量，却没有夏天的烈日和如织的人群，难得清静，还有舒适的温度，可以在西街游荡，可以去周边徒步，可以去河上漂流，也可以在客栈，什么也不做，懒懒地发呆。

TOP2 阳朔

四季推荐

冬季

Autumn

TOP1 丽江

TOP2 元阳梯田

TOP 1 | 丽江

冬日的丽江其实没有想象中的严寒，终日阳光挥洒，温暖如春，冬天的脚步似乎从来未曾踏入这片土地。坐在客栈的院子里，懒懒地晒着太阳，远处的玉龙雪山清晰可见，脚下的古城到处是闲逛的人，一切的一切都透着悠闲。

TOP 2 | 元阳梯田

经历了收割季节的元阳梯田如今只剩下波光粼粼。这个时候从梯田最易看到云海，在光照下，水面泛着缤纷的色彩，云雾若有似无，虚无缥缈，梯田弯曲盘旋的线条清晰可见。如果幸运的话，春节前后，漫山的野樱花、野桃花、野木棉花竞相绽放，神奇壮丽。

江南水乡

Chapter 1

江南水乡是流传千古的诗篇，缠绵悱恻，江南水乡是绵延不绝的画卷，婀娜多姿。在人心目当中，江南水乡是拟人化的，是一种自然山水和人性情感完美的结合。

乌镇 WUZHEN 001

最美理由 /

乌镇距今已有1300多年的建镇史，是迄今保存最完好的江南古镇之一。自872年建镇以来，镇名、镇址、水系和生活方式均未改变，传统建筑经千年风雨，依然完好地保存着清末民初的建筑格局，江南"小桥、流水、人家"的风貌至今犹存。镇内河网纵横交错，"十"字形的主河道将乌镇自然划成4条长街，千余年来，乌镇居民依水而居，临河建屋，形成了具有浓郁水乡风情的生活方式。乌镇仍保留着许多水乡所特有的河港、桥梁、临河建筑、街道、店面等。清晨或傍晚你若沿东、西市河漫步，将会流连忘返。

最美季节 / 春秋两季

最美看点 / 宏源泰染坊、高公生槽坊、茅盾故居、乌镇戏台、江南百床馆、江南民俗馆

最美搜索 / 浙江

千余年来，乌镇居民依水而居，临河建屋，形成了具有浓郁水乡风情的生活方式

乌镇是江南古镇中最原汁原味的，镇分东栅和西栅两部分，尤其是东栅，保持着乌镇的原貌，连这里的时光也分外地凝重一些。

宏源泰染坊

蓝印花布，俗称“石灰拷花布”“拷花蓝布”，至今蓝印花布的印染工艺还遵循着祖辈留下的手艺，在宏源泰染坊，可以看到印染工序的全过程演示，也可以在前面的店铺中带一些蓝印花布的成品回家。

高公生槽坊

在高公生槽坊，一走进去就能闻到扑鼻的酒香。这里是镇上名酒“三白酒”的制作间。所谓“三白”，就是用白糯米、白面、白水来酿酒，一般用4斤大米才能酿出一斤酒来。旁边的柜台里有各种包装的三白酒，柜台的一角还有一坛专供游人品尝。

茅盾故居

位于酒坊旁边，四开间两进两层木结构楼房，坐北朝南，总面积450平方米。茅盾故居是乌镇人的骄傲，有关茅盾与乌镇的种种，几乎每一位乌镇人都如数家珍。老屋临街靠西的一间房是茅盾曾读过书的家塾，故居内部的布置简单，却散发着静雅之气。

乌镇戏台

走出茅盾故居，常常会听到一阵鼓声与唱腔。那是乌镇的戏台，戏台上常演花鼓戏，是一种地方戏种，一律用方言演唱，常有当地的农家阿婆围在台前，看得津津有味。

江南百床馆

中国第一家收藏、展出江南古床的博物馆，有清代拔步千工床、小姐床、双龙足雕花架子床、明马蹄大笔管式架子床和双喜、如意、带镜红木雕花床、嵌骨架子床等，数十张明、清及近代的古床精品。

江南民俗馆

东栅的金家，曾是这里的富庶人家，今天他们的居所成就了一段江南生活的记载——展示晚清至中华民国时期乌镇民间有关寿庆礼仪、婚育习俗和岁时节令等的民俗。

TIPS

地址 位于浙江嘉兴市桐乡市北端，西临湖州市，北界江苏吴江县，为二省三市交界之处。县级公路姚震线贯穿镇区，经姚震公路与320国道、318国道、沪杭高速公路相接。乌镇距杭州市、苏州市均为80公里，距上海市140公里。

经历千年风雨，江南“小桥、流水、人家”的风貌至今犹存

西塘 XITANG 002

最美理由 / 江南六大古镇之一，廊棚是西塘与其他水乡古镇最大的不同，既连接河道与店铺又可遮阳避雨，总长1300多米，代代传承，相沿成习。西塘的明清旧宅具有江南民居的典型性，而且宅弄相连，形成了"雨天不湿鞋，照样走人家"的景象。

最美季节 / 4月杜鹃花开

最美看点 / 烟雨长廊、西塘弄堂、西塘的桥、西塘的黄昏

最美搜索 / 浙江

西塘几千年来默默地守住了古镇应有的一份散漫与宁静，最终也成就了江南水乡的诗情画意

西塘，古称胥塘、斜塘，又名平川，在春秋战国时代，曾是吴越两国相争的交界地，故也有“吴根越角”之称，是古代吴越文化的发祥地之一。西塘几千年来默默地守住了古镇应有的一份散漫与宁静，最终也成就了江南水乡的诗情画意。

烟雨长廊

西塘古镇中最著名的风景，廊棚沿河而建，有数百米长，全部为木结构的柱子，一色的鱼鳞黑瓦盖顶，廊棚的下面是一条石板道，绵长古旧，却很有味道。雨天走在里面，一串串晶莹的雨珠从廊檐垂滴而下，河面被雨滴敲打出点点涟漪，很有诗意。

西塘弄堂

弄堂是西塘的脉络。122 条弄堂分成三种：两头通街的是“街弄”，一头是死胡同只通向私人家里的叫“陪弄”，而一头直接通到河边的便叫“水弄”。看上去毫不起眼的巷弄，一扇扇虚掩的门楣后面，或许就有显赫的深宅大院。

西塘的桥

既然是水乡，桥自然是少不了的。西塘濒临运河与太湖，有 9 条河道将全镇分划成 8 块，而五福桥、卧龙桥、环秀桥、送子来凤桥等众多的石桥又把全镇串在一起。一块块石头搭起的拱桥，貌似普通，却连接着有 600 年历史古镇的完整，也是鸟瞰渔舟唱晚的最佳地点。

TIPS

地址 *位于嘉兴市嘉善县，江浙沪二省一市交界处。善江公路穿境而过。距沪杭高速公路14公里，距320国道10公里，距318国道13公里，距嘉善县城9公里。*

特产 *嘉善黄酒、善酿酒、八珍糕等。*

黄昏下的西塘

西塘的黄昏

西塘的黄昏很美，游人退去之后，原本的平和显现出来。夕阳西下，沿河点亮的一串串红灯笼，乘一只乌篷船夜游，从水中来品味这清凉安心的味道。

南浔 NANXUN 003

最美理由 /

南浔历史文化悠久，著名的名胜古迹有嘉业藏书楼、刘镛的庄园小莲庄、张静江故居、张石铭旧居、百间楼和宋代古石桥等。既充满着浓郁的历史文化底蕴和灵气，又洋溢着江南水乡古镇诗画一般的神韵，更有奢华的西式古典建筑让人惊艳，在江南古镇中独一无二。

最美季节 / 春秋两季

最美看点 / 小莲庄、嘉业堂藏书楼、张石铭旧居、刘氏梯号

最美搜索 / 浙江

南浔既充满着浓郁的历史文化底蕴和灵气，又洋溢着江南水乡古镇诗画一般的神韵

南浔建镇已有745年历史，因地处太湖之滨，经济发达，明万历至清代中叶经济鼎盛时期，凭借蚕丝业和缫丝业成为江南最富庶的古镇，因而有一大批富裕的商贸世家，据说当地世家家产合计大概相当于当时清朝政府一年财政收入的一大半，算得上是富可敌国了。也由此，这里的民宅不同于其他古镇的寻常民宅，有许多是深墙高瓦的大户人家，更有华丽的西洋建筑让人惊艳。

小莲庄

清光绪十一年（1885），南浔首富刘镛开始营造小莲庄，经过祖孙三代经营，历时

近40年才最终落成。小莲庄是镇上保存最完整的私家园林。一池静静的莲花几乎占据了小莲庄的三分之二，是留给人们最深的记忆。园中的主要建筑是中式的亭台楼阁，如养新德斋、退修小榭、净香诗窟等，还有一幢法式风格的楼房——东升阁。

嘉业堂藏书楼

刘镛的长孙刘承干在小莲庄西边鹧鸪溪畔建造了著名的嘉业堂藏书楼，三面环水，楼前古木森森。全盛时期这里藏有大量宋元珍本、地方志书，不少明刊本、明抄本，还有大量的清人文集和各种史集。现在藏书楼的藏书已经全部捐献给浙江省图书馆，在那里只能看到四套完整的史书雕版，分别是《史记》《汉书》《后汉书》和《三国志》。

张石铭旧居

出藏书楼往东数百米，就是号称“江南第一宅”的张石铭旧居。据说主人在法国留学多年，回国后因留恋西洋的生活，于是在祖宅的后花园建造了一栋二层建筑。房子里所有的物件都从法国运来。小到深蓝色的教堂式玻璃，大到装饰着花卉的立柱雕栏。

刘氏梯号

俗称“红房子”。徽派的封火山墙和石库门内却有欧洲洛可可风格的券顶，豪华的罗马柱。

TIPS

地址 位于浙江省湖州市南浔区东部人瑞路，地处杭嘉湖平原，距苏、沪、杭均在百公里上下。

特产 湖丝、竹艺品、刺绣。

南浔建镇已有745年历史

岩头村 YANTOUCUN 004

最美理由 /

岩头村是楠溪江中游最大的村落，始建于初唐。岩头村以科学的水利设施和巧妙的村庄布局而闻名。岩头村最有特色的是以丽水湖与丽水街为主体的乡村园林，长廊、亭榭、清流、古树、庙宇、戏台、宗祠。走在斑驳的木质丽水长廊上，仿佛置身一部中国宋元以来的历史书卷。村内还有清代书法家毛玉佩故居等10余处34幢清末民初时期建筑至今保存完好。

最美季节 / 春秋两季

最美看点 / 水利设施、丽水街、塔湖庙

最美搜索 / 浙江

走在斑驳的木质丽水长廊上，仿佛置身一部中国宋元以来的历史书卷

岩头村是楠溪江中游最大的古村落，也是金姓族人的聚居地。作为楠溪流域的大族，在一村一姓的宗族荣誉至高无上的年代，金氏祖先给后人建设了楠溪江中游规模最宏大、设计最精巧的村落供水系统和公共园林。

水利设施

村中独具匠心的水利设施，既符合风水学说，又讲求生产与生活的实用。岩头村水利工程始兴于宋，竣工于明初。全村地势西北高东南低，引水渠把清澈的山溪水引入村子西北角，再分成几条支渠绕街傍户贯穿村舍民居，最后汇入村子东南部丽水湖等几个人工湖泊。这是楠溪江中游古村落中最成功的引水工程，近500年过去了，至今还为岩头村居民提供优质的饮用水源。

丽水街

说是街，其实是一条依水而建的长廊，据说建于南宋。青石板铺就的过道一眼望不到尽头，居民们临水而居，在水边伴随着长廊的是长长的美人靠。无论白天还是夜晚，湖水都是最大的光源，蓝天白云，青山黛瓦，都在湖面上一一映现，并被湖水照亮，晶莹剔透，使整个村落神采飞扬。

塔湖庙

建于明嘉靖年间，庙里供奉的是岩头村守护神罗氏尊神和袁氏娘娘等，是镇守岩头村东南方最重要的庙宇。

TIPS

地址 位于浙江省温州市永嘉县楠溪江中游西侧。距温州市中心约61公里。

特产 山楂糕、芝脚糖、荷花酥、福寿糕。

岩头村是楠溪江中游最大的古村落，也是金姓族人的聚居地

芙蓉村 FURONGCUN 005

最美理由 /

芙蓉村距今已有1000多年历史，是楠溪江中上游保存最完整的古村落。这里仍然保存着600多年前的聚落规划面貌，有明清古民居30余处，明代大宅遗址5处，大小宗祠共18座。村四周用卵石砌成的寨墙，长2000余米，高2米，整个村庄犹如一座小城堡。

最美季节 / 春秋两季

最美看点 / 如意街、陈氏大宗祠、将军屋、司马第大屋

最美搜索 / 浙江

芙蓉村是楠溪江中上游保存最完整的古村落

芙蓉村始建于唐天复四年（904），是楠溪江各村落中历史最悠久的一个，因村西有3个高崖，其色白里透红，状如3朵含苞欲放的芙蓉而得名。芙蓉村略呈正方形，坐西朝东，四周用卵石砌成的寨墙，长2000余米，高2米，整个村庄犹如一座小城堡。全村以“七星八斗”来布局。星，是指道路交会处的方形平台；斗，是水渠交汇处的方形水池，是以“星筑台”“斗凿池”为象征。七星如北斗七星罗列分布，以象征天上，八斗为八卦形分布，以象征人间，意为天人合一，和谐昌盛。道路与水系交叉纵横，成为完整的体系。

如意街

如意街是村中主街，东连东溪门，西对芙蓉峰，全长220米。街道中间用青砖垒成，微微隆起，两侧用卵石铺成，下雨的时候可以让村人免去泥水之苦。如意街是全村最为繁华的地方，也是村民闲暇时聚集闲逛的好地方。

陈氏大宗祠

坐西朝东，主体建筑为七开间，两进建筑，正厅左右为宽敞的廊间，与享堂正对着的是宗祠中最为精美的大戏台。戏台装饰华丽，雕工非常精美，极具典雅之美。宗祠的正厅上方高悬着许多功名牌匾，享堂的柱上写有许多楹联。

将军屋

此屋是国民党第五军少将参谋长陈毓秀的故居，建于清道光年间。这座规模宏敞的三合院式建筑豪华气派，就连门台也精美无比，飞翘的檐角砌有龙头凤尾之兽，檐下饰有精致的窗花。屋里有一百年老木床，床楣上雕饰众多历史人物，华丽重彩，金碧辉煌。

司马第大屋

司马第大屋是芙蓉村最大的一座宅院建筑，建于清乾隆十九年（1754）。整个宅院共有三进，6个天井，18个道坛，24个中堂，正屋24间。大屋第一进的院墙和牌楼均毁于“二战”时期，并一直未能恢复，但从院中整齐的巨型石条和花园中精美的花墙仍可以看出当年的繁华。

TIPS

地址 位于浙江省温州市永嘉县岩头镇以南仙清公路西侧约1公里处，距温州市中心约60公里。

特产 织锦、干鱼。

如诗如画的芙蓉村

俞源 YUYUAN 006

最美理由 /

俞源是全国规模最大的俞姓聚居地之一，也是中国唯一的太极星象村，是明朝开国谋士刘伯温按天体星象“黄道十二宫二十八星宿”排列设计建造的古村落，是古人追求“天人合一”的经典遗存。村口设有占地120亩的巨型太极图，村内布有“七星塘”“七星井”，现存宋、元、明、清古建筑达1072间，以宋、元、明、清四朝古屋为主，清华大学楼庆西教授说：“俞源每一幢古建筑都可以写一本书。”

最美季节 / 春秋两季

最美看点 / 太极布局、俞氏宗祠、声远堂、洞主庙

最美搜索 / 浙江

俞源是明朝开国谋士刘伯温按天体星象“黄道十二宫二十八星宿”排列设计建造的古村落

太极布局

俞源的村口是一条“S”形的小溪，将一块块水田圈成一个巨大的阴阳太极图。村周11道山岗与太极阴阳鱼构成了天体黄道十二宫，八卦形排列的28座堂楼对应二十八星宿，“七星塘”“七星井”呈北斗星状分布。据说这是明开国皇帝朱元璋的国师刘伯温按天体星象亲自设计的。

俞氏宗祠

据说俞氏家族之所以人才辈出（明清两朝俞源出过尚书、抚台、知县、进士、举人260余人），是因为其宗祠恰好坐落于天枢、

天璇、天玑和天权四星所组成的七星“斗魁”之内，而“魁星”正是文昌星。宗祠建于明隆庆年间（1567）。三进二院，规模宏大。饱经沧桑的飞檐、牛腿、门雀及众多由名人名家所题写的匾额，依然述说着俞氏家族曾经的辉煌。

TIPS

地址 位于浙江省金华市武义县西南部。金丽温高速公路武义出口下，转44省道可达。距武义县城20公里。

声远堂

声远堂为清康熙二年（1663）所建，因正厅正对巍峨苍翠的六峰山，故而又称作六峰堂和大花厅。整座大堂分前后两部分，共92间，前厅宽敞高大，后厅儒雅宁静。声远堂内有一大奇观，前厅的“百鱼梁”上有9条木雕的鲤鱼会随着季节气候的变化而变成黄色、黑色和红色，十分奇妙。

洞主庙

位于村尾的九龙山下，两条小溪合拢之处。这里是江南著名的圆梦胜地。每年农历正月十三和六月二十六为“圆梦节”，会有几千人从全国各地赶来“圆梦”。六月二十六日那天，村里还会请人来唱三天四夜的古装戏，奇妙的是演戏期间，即使是久旱未雨的天气，俞源也会下雨。

据说俞氏家族之所以人才辈出是因为其宗祠恰好坐落于天枢、天璇、天玑和天权四星所组成的七星“斗魁”之内，而“魁星”正是文昌星

诸葛村 ZHUGECUN 007

最美理由 /

诸葛村至今已有700年的历史，村落的布局暗合着九宫八卦图，村中巷道纵横，似通不通、半连不连，有如迷宫一般；这神奇的建筑群，堪称浙江古村落民居中最耀眼的一颗明珠。

最美季节 / 村里每年农历四月十四、八月二十八及冬至日的祭祖仪式期间。

最美看点 / 八卦布局、丞相祠堂、大公堂

最美搜索 / 浙江

诸葛村至今已有700年的历史，村落的布局暗合着九宫八卦图，村中巷道纵横，似通不通、半连不连，有如迷宫一般

村中屋舍多是两三层的木楼结构，庭堂内回廊曲折环绕，门外有庭，庭内有门，颇有苏州园林之妙。那前挑的阁楼、雕花的牛腿、苏砖的门楼、飞扬的翼角、肃谨的匾额，都是几百年的宝贝。

八卦布局

元代中叶，诸葛亮的第二十七世孙诸葛大狮按九宫八卦的构思设计了这座村庄。水为阴地为阳，村子的中心位置有一钟池，一半为水一半为地，以曲线分割，恰似八卦。

以钟池为核心，有8条小巷向外延伸，形成内八卦，又有村外8座小山环抱，构成外八卦。而阳极与阴极则用两口井表示。

丞相祠堂

丞相祠堂是诸葛后代祭祀先辈的地方，气象宏阔，格局大气，古朴中透着庄重。回廊两侧供奉着诸葛家族的十几位先达圣贤，正堂上自然是诸葛孔明的坐像，神态潇洒。中庭内6根一人可抱的立柱由6种整块的珍贵木料制成，就是在富豪官宦人家也难得一见。

大公堂

大公堂建在钟池边，白色的院墙两侧书有“忠”“武”两个黑色大字，将大门衬托得分外醒目。厅内悬有武侯诫子书，“非淡泊无以明志，非宁静无以致远”，现在已是流传甚广的佳句。每年农历四月十四诸葛亮的诞辰，八月二十八诸葛亮的忌日，全村人都围着大公堂忙活起来，因为要在这里举行隆重的祭祖大典，同时还有庙会和精彩的戏班表演。

TIPS

地址 位于浙江金华兰溪市西18公里处。

特产 孔明烧饼、野菜。

村中屋舍多是两三层的木楼结构，庭堂内回廊曲折环绕

郭洞 GUODONG 008

最美理由 / 郭洞是国家首批公布的中国12个古村之一，被誉为“江南第一风水村”。据专家考证，整个村落是按照《内经图》来设计营造的。《内经图》出自中国四大气功经典之一的《黄庭经》，是1700年前道家修炼的宝典。郭洞古建筑遗存较多，水口是郭洞最重要的建筑群；何氏宗祠是郭洞建筑中最引人注目的精华，相传宋朝大学者朱熹曾应邀到此讲过学。

最美季节 / 金华国际黄大仙旅游节、10月黄大仙祖宫和兰溪黄大仙故里、元宵灯会、农历正月初十至十六胡公大帝庙会、农历八月十三金华斗牛大奖赛、农历九月初九重阳节、金华斗牛场。

最美看点 / 水口、城墙、何氏宗祠、龙山原始森林

最美搜索 / 浙江

郭洞被誉为“江南第一风水村”

郭洞始建于宋朝，至元初逐渐形成较大规模的聚落。从元至正年间郭洞先祖何寿之举家迁居郭洞，何氏家族已经在此生息繁衍600余年。

水口

古代认为水口聚集着整个村庄的风水，郭洞水口尤具特色。水口建有一座清康熙时期的回龙桥，单拱圆顶，桥身上立有四柱小亭。

城墙

郭洞水口沿回龙桥向西延伸修筑了一道高约 5 米的坚厚城垣，并设有东西两个城门。城墙用鹅卵石砌筑而成，巍峨高大，横贯东西，成为抵御外敌的重要屏障。城墙内外植有 80 多棵松、柏、樟、杉等古树，这些树大约是明朝万历年间所种，距今有 400 多年历史。

何氏宗祠

建于明万历年间，有 400 年的历史，至今保存完好。这里是何家祭祀祖先的地方，何氏祖宗的牌位均立于此。整幢建筑群气魄宏大，祠堂内现在悬挂着 30 块匾额，据说最多时曾多达 94 块。祠中还建有古朴典雅的古戏台和飞檐角，藻井上的壁画线条流畅，形象生动。村中仍然保持着棺葬的风俗，当地的老人只要过 60 岁，就要做好自己的棺材，整齐地摆放在祠堂之中。男的棺材上写“寿”字，意味寿命长久；女的棺材上写“福”字，意味女人嫁得好，福多。

龙山原始森林

郭洞被青山环抱，最出名的是村东的龙山，满山都是六七百年树龄的参天大树，亭亭如盖。在这片古生态林中，空气中负氧离子的数量是城市居室的 100 多倍，因此空气格外清新，沁人心脾。

TIPS

地址 位于浙江省金华市武义县城10公里处。金丽温高速公路到武义，经44省道转43省道可达。

特产 茶叶、猕猴桃、宣莲、葫芦做成的容器等。

许多古宅至今仍有人住，有的大门敞开，可以随意进去参观

皤滩 POTAN 009

最美理由 /
皤滩就因盐路成为永安溪沿岸一个繁华的集镇。赫赫有名的龙型古街，还有长门堂、迎春院、枫树桥三透九门堂等建筑，仍然残存着旧时的模样，见证着200年前的鼎沸。皤滩还有被誉为“中华第一灯”和华夏一绝的无骨花灯，工艺绝伦。

最美季节 / 4~6月，7~8月，每年6月为杨梅成熟月。

最美看点 / 龙型古街、长门堂、迎春院、枫树桥三透九门堂、桐江书院、无骨花灯

最美搜索 / 浙江

赫赫有名的龙型古街，还有长门堂、迎春院、枫树桥三透九门堂等建筑，仍然残存着旧时的模样，见证着200年前的鼎沸

皤滩从唐朝起渐渐形成村镇，在以后的历朝历代里，在江浙始终是一个重要的运盐埠头。直到民国，浙赣铁路贯通，失去商业功能后的皤滩人去楼空，繁华荡然无存。

龙型古街

龙型古街是皤滩的标志，古街形似一条

龙，西龙头，东龙尾，中段弯曲成龙身，这样的设计，是求阴阳调和、人财两旺的意思。街旁是唐、宋、明、清、民国时遗留下来的民宅古居。

长门堂

又称“贻厚堂”，虽然由于年久失修，建筑已然残旧败落，但气势还在。一块贴金的“贻厚堂”匾，至今已有200多年的历史。长门堂的天井有点特别，它是两个方形天井连接在一起成为一个整体的长方形天井，当地人称作“六堂”。

迎春院

临街的牌子上写的“色赛春花”，这里正是旧时青楼卖笑的所在。迎春院分为外院、中院和内院。外院据说是艺伎表演歌舞诗乐的地方，地上鹅卵石做成一颗心和九个铜钱的图案，所谓千金买一笑；中院是一间间待客的厢房，后面是花园。

枫树桥三透九门堂

建于明朝，建筑面积有8000多平方米，共有156间房子。所有的房子都是相连的，随便踏进一间屋檐下，就可沿着廊檐避雨蔽日地转悠到任意一间屋。建筑第二透的厅堂花窗是整座房子雕饰的精华。

桐江书院

始建于宋乾道年间，现存建筑为清同治年间在原址上重建的。南宋时著名的理学家朱熹曾在此讲学，还留下了“鼎山堂”的匾额。

无骨花灯

皤滩的无骨花灯起源于唐朝，此灯最神奇的地方在于灯身没有骨架，完全是制作者先设计形状，计算角度，用绣花针刺成各种花纹图案的纸片粘贴而成。点上花灯，灯光由灯纸上绣花针刺成的各种花纹图案针孔四溢出来，顿时满屋生辉。

TIPS

地址 位于浙江省台州市仙居县的中部，距仙居县城约30公里。

皤滩从唐朝起渐渐形成村镇，
在以后的历朝历代里，在江浙始终是一个重要的运盐埠头

前童 QIANTONG　010

最美理由 /

前童祖先按“八卦”原理引水入村，挨户环流，造就了前童“家家有雕梁，户户有活水”的独特魅力，堪称江南一绝。前童作为陈逸飞拍摄的《理发师》的主要拍摄地而声名大噪。

最美季节 / 一年四季，尤其清明前后，村后的大片油菜花都开了，景色很美。

最美看点 / “回”字布局、水八卦、古树、童氏祠堂、元宵灯会

最美搜索 / 浙江

建筑的屋基大多为卵石垒成，使得整个古镇多出几分山野的气息

前童始建于宋末，盛于明清，如今有两千多户人家，近万人，几乎全为“童”姓。古镇的建筑多为明代建筑和仿明代的清朝建筑，至今仍保存有1300多间。建筑的屋基大多为卵石垒成，使得整个古镇多出几分山野的气息。

“回”字布局

古镇村落是按“回”字九宫八卦式布局而建的，南街北街是外围，花桥街、石镜山路、双桥街为内围。古镇的街巷异常狭小，有的仅能容两人侧身而过；老街、小巷布置有序，祠堂、水井、渠道错落其间，身处其中就如

走迷宫一般。

水八卦

前童村建筑格局中最具特色的当推环绕在家家户户门前的人工水道。童姓的先祖按照八卦的形式挖掘了沟渠，从白溪引入，绕屋而流。前童人很懂得保护自家的水渠，水渠里的水，清得可以看见渠底水草的摇动，大家都在门前的水渠里洗脸、洗衣、洗菜。

古树

见证前童村悠悠岁月的是村中众多的古树。1700 多年的大柏树，1600 多年的槠树，树干周长 15 米、树龄已有 1300 多年的浙江第一樟，600 多年的金桂树，至今郁郁葱葱。

童氏祠堂

整个古镇上最庄严和奢华的建筑，由明代浙东大儒方孝孺设计。墙门外的旗杆和简朴的角楼都体现了典型的明代建筑风格。祠堂宽敞的正厅对面是个大戏台，天井西侧为两层楼厢房。祠堂里悬挂着各个时代的风流才俊们题写的匾额和楹联，其中“童贤母传赞”正是方孝孺于洪武十八年（1385）所题；“世德作求”则出自清代著名的史地学家齐召南之手。

元宵灯会

自明代中叶以来，每逢农历正月十一以后，前童就开始了热闹的元宵灯会。此举原本是纪念为村里的农耕做出贡献的先人。灯会保留了古文化的原始韵味，场面极其热烈。

TIPS

地址 位于浙江省宁波市宁海县前童镇，距宁海县城114公里。

特产 空心腐、汤包、豆腐干、霞客饼。

自明代中叶以来，每逢农历正月十一以后，前童就开始了热闹的元宵灯会

泰顺 TAISHUN　011

最美理由 /

“看廊桥，到泰顺。”泰顺现存有各式各样的桥梁958座，其中在新中国成立前修建的有400多座。保存完好的古代木廊桥32座、石拱桥266座、石平桥111座、碇步桥248条。被誉为“千桥之乡”“中国桥梁博物馆”。泰顺已有15座廊桥被列为全国重点文物保护单位，其中以泗溪姐妹桥最具代表性，被称为“世界上最美丽的廊桥”。

最美季节 / 夏季是泰顺植被最为丰富的季节，5～6月为泰顺的梅雨期，倘若不为了去吃杨梅，还是尽量避免这段时间去泰顺。

最美看点 / 泗溪上下桥、三条桥、文兴桥、毓文桥

最美搜索 / 浙江

泰顺被称为“千桥之乡”

泰顺多高山、深涧、急流，古人有感于行路之难，往往在交通要道上修建桥梁。而最具代表性的，是采用中原早已失传的虹桥技术修建的木桥。同时为了适应浙南地区山地的气候特点，桥上又加盖一层桥屋，故称“廊桥”。在中国，也只有浙南、闽北少数地区还有这种在桥梁建筑史上有着极高地位的虹桥，尤以泰顺叠梁式木拱廊桥最辉煌，故称泰顺为“廊桥之乡”。从宋代开始，泰顺已有开始建造廊桥的记载，现存廊桥主要兴建于明清时期，也有现代建造的廊桥。

泗溪上下桥

位于泗溪，号称中国乃至世界最美的两座虹桥，相传为同门师徒所建。系叠梁式木拱廊桥，是我国桥梁史上典型的木拱廊桥。桥头的两棵大樟树都有上千年的树龄。

三条桥

位于垟溪乡和洲岭乡交界地，它是唯一没有被现代文明所打扰的廊桥，远离尘嚣，周围只有溪水、青山、古树为伴。此桥的历史可以追溯至唐朝，造型古朴，是泰顺周边环境最好的廊桥之一。

文兴桥

位于筱村。文兴桥之闻名，在于它的不对称之美，从正面望去，左缓右陡，左低右高。这与该桥所处的地理位置有关，可谓匠心独具。

毓文桥

位于洲岭，是所有廊桥中与景色交融得最好的。廊桥为景色注入了灵魂，有了它，此地尽显勃勃生机，而山水为它平添了妩媚妖娆。倚栏远眺，挺拔的群山，清清的溪水，苍翠的树木，不禁让人想要生出翅膀，御风而行。

TIPS

地址 位于浙江省温州市泰顺县，距泰顺县城30公里，距温州市区105公里。

特产 蕨菜，干豆角、米面、鱼圆、观音豆腐、田螺、泥鳅汤、地瓜粉、黄花糕。

看廊桥，到泰顺。

朱家角 ZHUJIAJIAO 012

最美理由 /
朱家角是上海保存最完整的江南水乡古镇，素有“上海威尼斯”之称，镇内河港纵横，九条长街沿河而伸，千栋明清建筑依水而立，36座石桥古风犹存；北大街上百年老店鳞次栉比，青石板路古风犹存；还有集江南豪富人家建筑之大成的席氏厅堂、清代“吴中七子”之一的王昶纪念馆、大清邮局等古建筑。

最美季节 / 9～10月的朱家角古镇旅游节和“五一”“十一”黄金周朱家角民间餐饮文化节。

最美看点 / 北大街、放生桥、大清邮局、席氏厅堂报国寺、课植园、王昶纪念馆

最美搜索 / 上海

朱家角是上海保存最完整的江南水乡古镇，素有“上海威尼斯”之称

据史料记载，朱家角在宋、元时已形成集市，名朱家村。由于贯穿全镇的漕港河水运方便，遂商业日盛，烟火千家。至明万历年间正式建镇，名珠街阁，又称珠溪。

北大街

久经沧桑的北大街，是上海市郊保存得最完整的晚清建筑第一街，有“长街三里，店铺千家”之称。老宅名店两旁林立，展现了一幅古意盎然的江南水乡风情画卷。

放生桥

桥横跨朱家角东的漕港河上，长70米，高7米，是上海地区最长、最大、最高的五

孔石拱桥，也是朱家角最高的桥。

大清邮局

朱家角大清邮局始建于1903年，这座古老的红砖灰瓦的小楼有着特别的历史价值，是近代中国邮政历史的缩影。朱家角大清邮局是清代上海地区13家主要的通邮站之一，也是目前华东地区唯一留存的清朝邮局遗址。

席氏厅堂

建于明嘉靖年间，是镇上现存较为典型的明代宅第建筑。厅堂坐南朝北，前后共五埭厅堂，气势恢宏。正墙门前石级的两座石礅上雕有奔腾的麒麟，这在民间建筑中十分罕见。

报国寺

为上海玉佛寺下院，寺内缅甸白玉雕成的释迦牟尼玉佛、新加坡赠送的第一尊白玉观音及千年古银杏，称为报国寺“三宝”。

课植园

是镇上最大的庄园式园林建筑，俗称“马家花园”。园内建有书城，又辟有稻香村，园中亭台楼阁、廊坊桥树、厅堂房轩一应俱全，各种建筑及生活用房200余间。

王昶纪念馆

展出清乾隆十九年（1754）进士、刑部右侍郎，“吴中七子”之一的王昶的蜡像、诗字画、碑刻、织布机、老式床等近百件实物展品，内容丰富，史料翔实。

TIPS

地址 *位于上海市西郊，太湖下游，黄浦江上游。*

朱家角北大街

周庄 ZHOUZHUANG 013

最美理由／

“黄山集中国山川之美，周庄集中国水乡之美。”周庄从任何一个角度来看都是一幅美妙绝伦的水墨画。四条“井”字形的河道流贯全镇，形成沿河两岸八条长街；两侧屋檐衔接，河中游船如梭，别有风情。

最美季节／四季皆宜，每年的4～6月周庄都有盛大的“中国周庄国际旅游节”活动。

最美看点／双桥、沈厅、张厅、迷楼、周庄夜景

最美搜索／江苏

周庄从任何一个角度来看都是一幅美妙绝伦的水墨画

周庄具有900多年历史，春秋战国时为吴王少子摇的封地，称“摇城”，后又称“贞丰里”。北宋时（1086）周迪功郎信奉佛教，将13公顷捐给全福寺作为庙产，百姓感其恩德，改名周庄。元代中叶，江南富豪沈万三父子迁徙周庄，造就了古镇的繁荣。

双桥（世得桥、永安桥）

双桥建于明代，由一座石拱桥和一座石梁桥组成，横跨于南北市河和银子浜两条小河上。桥面一横一竖，桥洞一圆一方，错落

有致，宛如一把大锁将两条小河紧紧地锁住。1984 年，旅美画家陈逸飞将双桥绘成油画，周庄由此声名大噪。

沈厅

沈厅的主人是明时的巨富沈万三。沈厅是明清江南民宅建筑的典范，共有七进，气派的庭院，精雕细琢的门楼，院子里九曲回肠，仿佛进了迷宫，各种各样的明清花窗、雕工精细的明清家具，连花园地面的碎石子，铺法都十分讲究。

张厅

为明代中山王徐达之弟徐逵后裔所建，清初卖给张姓，又称玉燕堂。张厅的结构布局兼具庄重与秀美之韵，于古朴之中透着灵气。后院还有一个“私家码头”，这就是当年典型的“轿从门前进，船在家中过”。

迷楼

迷楼位于贞丰桥畔，原名德记酒店。早在 20 世纪 20 年代初，南社发起人柳亚子、陈去病和周庄的南社社员王大觉、费公直等人四次在迷楼痛饮酣歌，乘兴赋诗，慷慨吟唱，后将百余首诗编辑为《迷楼集》流传于世。迷楼由此名声大振。

周庄夜景

游周庄最好是傍晚以后。那时，落日浑圆，余晖柔和，周庄渐渐趋于平静，显露出朴实无华、小巧雅致的风韵。此时，租一只船，船娘娴熟地摇着桨，缓缓地穿过一个个形状各异的古老桥洞，就像走进周庄的梦。

TIPS

地址 位于江苏省苏州城东南，昆山的西南处，青浦、吴江、昆山3县的交界处。

特产 特色小吃“万三蹄”、周庄竹编、庄炉。

周庄集中国水乡之美

同里 TONGLI 014

最美理由 / 同里是醇正的水乡，镇外四面环水，古镇镶嵌于同里、九里、叶泽、南星、庞山五湖之中。15条河流纵横交错，把小镇划分成7个小岛；40多座桥梁，又把小岛连成一个整体，居民宅院傍水，因水成园，家家临河，户户摇橹，有“东方小威尼斯”之誉。

最美季节 / 四季皆宜

最美看点 / 三桥、退思园、嘉荫堂、崇本堂、串心弄、南园茶社、罗星洲

最美搜索 / 江苏

同里是醇正的水乡，镇外四面环水

三桥

“三桥”是太平、吉利、长庆三座桥的合称，分别建于明、清两代，很古朴典雅。同里人把三桥看作消灾消难、吉祥幸福的象征，代代相传已延续千年的“走三桥”风俗，分别在出生满月时、结婚时、六十大寿时步行走过这三座桥面。

退思园

江南名园，建于清光绪年间，取“进则尽忠，退则思过”之意。整个退思园占地不

到10亩，却安排精巧，移步换景，千变万化。在众多的江南古镇中，只有同里的退思园被列入世界文化遗产。

嘉荫堂

嘉荫堂建于民国十一年间（1922），宅主柳炳南，与著名爱国诗人柳亚子先生同宗。柳亚子先生曾在此居住。嘉荫堂采用极精细的木雕和砖雕，纤巧古雅。

崇本堂

崇本堂坐北朝南，面水而筑，共五进，由门厅、正厅、前楼、后楼、厨房等组成，面积虽不足一亩，但非常紧凑和精致。崇本堂的各种雕刻最为精彩，内宅堂楼有全套《西厢记》故事等木雕100多幅，前楼底层有“红楼梦十二金钗图”等。后楼是崇本堂所有雕刻的精华所在，共有木雕58幅。

串心弄

同里的弄堂中最著名的是串心弄，俗称“响板弄”，原来石条下是空心的，小弄蜿蜒前伸，而那一条条石板故意铺排不齐，留下大大小小的空隙，于是行人走过，也就发出动人的声音。

南园茶社

初名“福安茶馆”，始建于清末1898年，因陈去病、柳亚子在此商讨成立“南社”之事，即被后人俗称“南园茶社”，是中国现存最古老且仍在经营的茶楼之一。

罗星洲

位于同里镇东，是浮现在湖面上的一个小岛，往来必须乘坐舟楫。沿途可欣赏同里湖烟波浩渺、渔帆点点的水乡景色。

TIPS

地址 *位于江苏省苏州城东南18公里，四面环水，镶嵌在同里、九里、叶泽、南星、庞山五湖之中。*

特产 *莲藕、酒酿饼、鸡头米。*

甪直 LUZHI 015

最美理由 / 甪直是江南六大古镇之一，桥是甪直的另一特色，甪直历来有江南"桥都"的美称，1平方公里的古镇内，原有宋、元、明、清时代的石拱桥72座半，现存41座，其桥梁的密度，甚至超过了著名的水城威尼斯。游览甪直，就好像参观了一个古代桥梁博物馆。

最美季节 / 4～10月。可欣赏到桃红柳绿，又可品尝鲜桃、碧螺春等时令特产。

最美看点 / 古桥、保圣寺、叶圣陶纪念馆、沈宅、萧宅、万盛米行

最美搜索 / 江苏

桥是甪直的另一特色，甪直历来有江南"桥都"的美称

甪直与苏州古城同龄，至今已有2500多年的历史。甪直古称甫里，镇东有直港可以通向六处，后得名六直，以后又逐渐演变为甪直。

古桥

甪直古镇自古以来被称为桥乡，以古桥多而闻名于世。现存有多孔的大石桥、独孔的小石桥、宽敞的拱形桥、狭窄的平顶桥，也有装饰性很强的双桥、左右相邻的姊妹桥和方便镇民的平桥，其中两桥相连呈直角的双桥有5处。古桥中最著名的是"正阳桥"，始建于明万历年间；最古老的是建于宋朝的

"中美桥"。

保圣寺

江南著名的千年古刹，原名保圣教寺，始建于梁天监二年（503），距今已有1500多年的历史。寺内尚存的9尊泥塑罗汉出自唐代塑圣杨惠之手，是我国古代雕塑艺术的瑰宝。

叶圣陶纪念馆

从1917年春，叶圣陶在甪直生活了四年有余。展厅内用照片很翔实地记录了叶老的生平事迹，收藏了叶老的部分遗物。还有叶圣陶墓。

沈宅

教育家沈柏寒的私邸。沈氏是甪直大户，当时有"沈半镇"之说，可见其兴盛。沈宅建于清同治九年（1870），共五进。乐善堂是沈宅的精华，这座三开间正厅是甪直镇上最豪华的建筑，不仅宽大高敞，雕饰遍布，且因前后做重轩，有冬暖夏凉之效。

萧宅

萧宅是甪直现存最为完好的清代古建筑之一，共有五进，其中茶厅、楼厅是萧宅之精华所在，厅内梁、柱都雕有各式图案，寓意吉祥。

万盛米行

叶圣陶的小说名篇《多收了三五斗》里曾提到过的万盛米行。三开间门面，面对河埠。店铺设有售粮高柜，上面挂着"万商云集"的广告牌。再现了民国年间江南米市的风貌。

TIPS

地址 位于江苏昆山市，苏州城东南25公里处，是江南六个著名古镇之一。

特产 洞庭枇杷、蟹、苏笛、光福桂花、麻饼、鲜桃、碧螺春、糖藕等。

弯弯的河道似玉带环绕着古镇

锦溪 JINXI 016

最美理由 /

有2000多年历史的锦溪气质沉静，锦溪之特别更是由于它拥有众多的博物馆，被誉为“中国博物馆之乡”：“文革”博物馆、古董博物馆、张省美术馆、名人博物馆、紫砂博物馆、根雕馆……其中锦溪古砖瓦博物馆为国内首创、仅此一家。

最美季节 / 四季皆宜

最美看点 / 古莲桥、陈妃水冢、古砖瓦博物馆、民间博物馆

最美搜索 / 江苏

锦溪在吴越春秋已成集镇

锦溪在吴越春秋已成集镇。从明朝以来，古镇以窑业生产而著称，形成了独特的“砖瓦文化”，目前全镇存有各式古窑15座左右，为华东地区唯一保存完好的古窑址群落。

TIPS

地址 位于江苏省昆山市南部，东距上海市区55公里，西距苏州市区35公里，东依淀山湖，西临阳澄湖。

特产 蹄髈、芡实糕。

古莲桥

位于镇口，是锦溪的代表建筑。桥很长，横曳在水中央，连接着陈妃水墓，中间是高高耸起的亭子，飞檐翘起，造型别致漂亮。站在桥上极目远眺，不禁让人心旷神怡。

陈妃水冢

从五保湖边的莲池禅院隔水遥望，可见一个纤巧玲珑的小岛，浮漾在水中央。这个小岛就是宋孝宗的宠妃陈妃香消玉殒的神州第一水墓。

古砖瓦博物馆

位于上塘街深处的丁家大院内，丁家大院乃是一处清初建筑，原为十一进院落，一条幽深的陪弄长达120多米。它的前四进现作为古砖瓦博物馆用房。博物馆展厅分砖馆、瓦馆两大部分，瓦馆中陈列的700余件瓦当和滴水，仅龙的图案就达400余件；砖馆内一块“中华第一砖”,距今已有5000余年历史。

民间博物馆

锦溪的博物馆不是传统式的一体化陈列，而是沿水而设，分散于锦溪的各个角落。除了古砖瓦博物馆，还有美术、金石、紫砂、奇石、根雕、古董、钱币、砖瓦、天文等馆，不一而足。其中张省美术馆展出的是当地画家张省的作品，其师承刘海粟等画坛名宿，作品独具一格；金石人家展示的是本土篆刻家唐志云的金石作品。唐志云的作品博采众长，又融入了当地水乡的柔情，线条柔韧感极佳。

古莲桥是锦溪的代表建筑

木渎 MUDU

017

最美理由/

木渎是江南唯一的园林古镇，其私家园林既秉承了苏州园林的精致幽深，又有空旷高远、山林野趣的个性。作为苏州当地园林之"翘楚"，木渎明清时有私家园林30余处，无愧于"吴中第一园林古镇"的美誉。

最美季节/四季皆宜

最美看点/虹饮山房、古松园、严家花园、榜眼府第

最美搜索/江苏

木渎是江南唯一的园林古镇，其私家园林既秉承了苏州园林的精致幽深，又有空旷高远、山林野趣的个性

相传春秋末年，吴王夫差为取悦美女西施，在灵岩山顶建馆娃宫，并增筑姑苏台，“三年聚材，五年乃成”，木材源源而至，竟堵塞了山下的河流港渎，“积木塞渎”，苏州西郊山麓的这个小镇便由此而得名。

虹饮山房

是清初木渎文人徐士元的私家园林，乾隆下江南每游木渎，必先在此弃舟登岸，入园游历。因而当地人都称虹饮山房为乾隆的民间行宫。虹饮山房由小隐园和秀野园两座明代园林联袂而成。小隐园以老树奇石和竹林茂盛著称，清末一度为刺绣皇后沈秀的故居；秀野园原是明代东林党人王心一的别墅，现为木渎圣旨珍藏馆和科举制度馆。

古松园

为清末木渎四大富翁之一的蔡少渔所建，因园中有一株高逾10米、500多年的罗汉松而得名。为典型的清代宅第园林风格。古松园的楼厅最有特色，因檐枋下端雕有16只倒挂花篮，楼上轩梁又雕有16只凤凰，有人便称此楼厅为“花篮楼”或“凤凰楼”。

严家花园

为江南名园之一，被认为是苏州当地园林之“翘楚”。占地16亩，中路为五进主体建筑，宏敞精丽，其中第三进的尚贤堂为苏州罕见的明式楠木厅，迄今已有400多年历史。后院花园依季节主题分为春夏秋冬四个小园，并分别植以不同的花木。

TIPS

地址 位于江苏省苏州城西，太湖之滨，东与苏州市西南郊相邻，南与横泾、越溪两镇交界，西与胥口、藏书两镇相接，北与枫桥镇和苏州国家高新技术开发区相连。

特产 枣泥麻饼、蚕丝被、太湖珍珠、泥娃娃，苏绣等。

榜眼府第

这里是林则徐弟子、晚清启蒙思想家、政论家冯桂芬的故居。冯桂芬是清道光二十年（1840）一甲二名进士，俗称榜眼，所以其宅就被称为“榜眼府第”。冯宅也是前宅后园的清式结构。宅内的花篮厅为冯宅木刻之精华所在。其构造与一般厅堂不同，堂中步柱不落地，而是用短柱代替步柱，短柱高高挂在草搁梁上，短柱上都雕花篮美化，所以称为花篮厅。

作为沟通苏州城和浩渺太湖的交通枢纽，木渎是名副其实的太湖门户

东山 DONGSHAN

018

最美理由 /

东山镇倚山而筑，老街两侧38条古巷小弄，曲折幽深；30余幢明清建筑古趣盎然。东山的文化氛围浓郁，有雕花大楼、古紫金庵、启园、陆巷古村、凝德堂等文物景观，此外，还有“小蓬莱”之称的三山岛。

最美季节 / 春秋，金秋十月是各种瓜果成熟的季节，可以一饱口福。

最美看点 / 雕花楼、凝德堂、紫金庵、启园、三山岛

最美搜索 / 江苏

东山的文化氛围浓郁，有雕花大楼、古紫金庵、启园、陆巷古村、凝德堂等文物景观

苏州吴县西南之洞庭东山，地在太湖之滨，湖水浩瀚，风光可谓胜绝。

TIPS

地址 位于江苏省苏州市吴中区境内，地处长江三角洲的太湖平原。

特产 碧螺春，枇杷、杨梅；红橘、白果、板栗；太湖三宝：银鱼、白虾、梅鲚鱼。

雕花楼

此楼在建筑时耗资15万银元，历时3年，堪称一座豪宅。全楼建筑砖雕、木雕、金雕、石雕、彩绘、泥塑、铺地艺术巧夺天工，雕刻精致，精美绝伦，且“无处不雕，无处不刻”，享有“江南第一楼”之誉。

凝德堂

位于东山镇翁巷殿新村。整座建筑为前铺后宅的形式，极富特色，在苏南地区现存的明代民居建筑中已十分少见。凝德堂保存完整的88幅明代建筑彩画是该建筑的精华所在，其彩画属“下五彩”，图案中所用锦纹与《营造法式》的图式相合，是苏南地区现存明代建筑彩画中不可多得的珍贵实物。

紫金庵

位于东山镇西卯坞，梁陈时始创，至今已有1400多年历史。庵内大殿左右两壁十六尊罗汉像为南宋初民间雕塑名手雷潮夫妇的力作，后壁的几尊塑像，则是邱弥陀在明末年增塑的。殿内“慧眼”“华盖”“经盖”三宝著称于世。世人称紫金庵泥塑彩绘罗汉为“天下罗汉二堂半”之一堂，是我国雕塑美术史上的文化遗产。

启园

俗称席家花园，1933年席氏为纪念其祖上曾在此迎候康熙皇帝而兴建，为江南少有的山岳湖滨园林，融江南园林的小巧和湖光山色为一体。

三山岛

是太湖中面积只有2.8平方公里的小岛，世人称“小蓬莱”。这里是太湖石原产地之一，岛上奇峰突兀，异石成趣，有著称于吴中第一奇峰之板壁峰。

雕花大楼，原名春在楼，取“向阳门第春常在”之意

徽派民居

Chapter ❷

“徽派建筑”风格最为鲜明的是传统民居，它集中地反映了徽州的山地特征，风水意愿和地域美饰倾向。嵌于锦峰绣岭、清溪碧河的房屋群落与自然环境巧妙结合，山水互为点缀，如诗如画，意境神美。

宏村 HONGCUN 019

最美理由 / 宏村以绝无仅有的牛形特殊建筑布局而闻名天下，为皖南最具代表性的民居村落。水包裹着村中数百幢的古民居，承志堂、敬修堂、东贤堂、三立堂、叙仁堂、上元厅等，都是宏村中典型的徽派建筑，自从被列为世界文化遗产之后，这里更是家喻户晓。

最美季节 / 春秋季节

最美看点 / 牛形布局、月沼、承志堂、敬修堂

最美搜索 / 安徽

宏村被誉为“中国画里的乡村”

山水中的宏村，始建于南宋绍兴年间，绵延至今已有800余年的历史。原为汪姓聚居之地。

牛形布局

整个村子的建筑形制相当奇特，远远望去恰似一头斜卧的青牛。巍峨苍翠的雷岗为牛首，参天古木是牛角，由东而西错落有致的民居群宛如庞大的牛的身躯。一泓碧水引入村内，是为“牛肠”；流入村中宛如半轮明月的月沼，是为“牛胃”；最后汇入村口平滑如镜的南湖，是为“牛肚”。人们还在绕村的河溪上先后架起了4座桥梁，作为“牛腿”。

月沼

又称月塘，建于明永乐年间，水塘为半月形，取“花未开、月未圆”的境界。月塘常年碧绿，塘面水平如镜，塘沼四周青石铺展，粉墙青瓦整齐有序。电影《卧虎藏龙》曾在此拍摄，中国邮政也曾以此为背景发行过一

枚邮票。

承志堂

承志堂算得上宏村中最知名的建筑，建于清咸丰五年（1855），是清末大盐商汪定贵的住宅。在遗留至今的皖南古民居中，若论气势与韵味，承志堂堪称之最。全宅为砖木结构，占地2000多平方米，据说整幢宅子光是木雕上涂的金粉就花掉了100两黄金。整座楼房划分为外院、内院、前厅、后堂、东厢、西厢、书房、回廊、花园等部分，到处都潜藏着中国传统文化的脉络气血和风水的玄机。

敬修堂

坐落在月沼北侧西首，始建于清代道光年间，距今已有180年的历史。特别值得一提的是正对厅堂正门的鱼池，有半人高，用整块整块的黟县青大理石砌成，分成东西两个方池，中间由圆形石板凿成的通道相连；还有园中的花坛，分植着桂花、菊花、茶花和蜡梅花等花木，特别是两株与房宅同龄的“百年牡丹”驻芳藏艳其间，差不多一年四季都有花儿盛开，真正照应了“墙内开花墙外香”的意境。

TIPS

地址 位于安徽省黄山市黟县东北。黟太、慈张、宏儒公路可直达。距县城11公里。

宏村原为汪姓聚居地

卢村 LUCUN 020

最美理由 /

卢村中堪称艺术极品的徽派木雕，是个连木屑都让人着迷的地方。身处号称“徽州木雕第一楼”的木雕楼群中，一定会为那些精妙绝伦的雕刻叹为观止，所有的线条刚柔相济，所有的花纹恰到好处，多一分就繁，少一分则简。

最美季节 / 春秋两季

最美看点 / 木雕楼、至诚堂

最美搜索 / 安徽

卢村中堪称艺术极品的徽派木雕，是个连木屑都让人着迷的地方

TIPS

地址 位于安徽省黄山市黟县东北，距宏村约1公里。

特产 竹雕、装饰品。

木雕楼

所谓木雕楼并不是一栋单一的建筑，而是指七家里民居木雕楼群，主要包括至诚堂、思济堂、思成堂等宅院。这些木雕楼都是卢氏33世祖卢邦燮于清道光年间建造的。现在卢家的后人还居住在不同的院落中，也正因为有了人的居住，这房子就不至于冷冷清清地尘封在过去，平添了一份人气的温暖。

至诚堂

七家里木雕楼群中最具代表意义的，也是精华部分，当数至诚堂的木雕装饰。走进至诚堂，整幢楼全部由精雕细镂的木雕构件组成。从顶部檐梁、雀替、吊篮、楼阁栏板至门窗，或用混雕、线雕，或用剔雕、透雕等手法，无一不是精雕细刻。童叟人物、飞禽走兽、花鸟鱼虫、风情世故、诗句典故……一点一滴，层次繁复，都惟妙惟肖地凝固在娴熟精湛的刀笔下。据说建造房子时，主人雇了两位工匠，花了20年工夫才完成了这动人至极的工程。

木雕楼有八扇莲花门，每一扇门板下都雕刻着一个故事:“苏武牧羊”“太公钓鱼”“羲之戏鹅”……门板中有一块雕刻得尤为精美，故事是书生赶考，马上封侯的老故事，令人叹服的是整个表现的画面竟然分出了九个层次，且不说那亭台楼桥，就连人物的表情、衣服的褶皱走向、柳树枝条的摆动都无不精美细致。可惜的是，书生的脸在“文化大革命”期间被铲掉了，那时表现统治阶级的木雕一律归为牛鬼蛇神，因此徽州的很多木雕中，人物大多没了脸面。

围绕至诚堂还有三座精美的楼屋，分别是卢百万其他妻妾的住所，雕饰略有不同，却是一样的精致繁复。

走进至诚堂，整幢楼全部由精雕细镂的木雕构件组成

塔川 TACHUAN 021

最美理由 /

藏于山谷和古木丛中的塔川，幽静宁谧。这个独具魅力的山间村落，因美丽的秋色而被捷足先登的摄影爱好者们与新疆的喀纳斯、四川的稻城，推崇为中国三大秋色观赏景区之一。

最美季节 / 秋季10月26日～11月26日红叶最佳观赏季节。

最美看点 / 古树、积余堂

最美搜索 / 安徽

藏于山谷和古木丛中的塔川，幽静宁谧

塔川村倚着卧象山而建，山上几十幢民居参差错落，远远看去，像一座敦实的宝塔；又有一条山溪穿村而过，所以村子就叫作塔川。塔川很小，巷子里的老房子大多有些破败，长满野草的残缺的石拱门，斑驳的墙壁，沧桑朴素，村子却越发厚重起来，每一所老房子都有着说不完的故事。

古树

一进村口，最先映入眼帘的就是几棵巨大的古树，乌桕、樟树、鼠李、香榧、枫树……每株都得数人合抱，有数百年的树龄。没错，一株株斑驳的古树正是塔川最常见的景色。

特别是到了秋日，过了霜降，树叶红了，满山都是色彩斑斓的叶子，红的、黄的、紫的，从繁叶中间露出雪白的马头墙，是最令人神往和最能谋杀摄影者胶卷的地方，任意选取一个角度，都是一幅绝美的风景画。

积余堂

积余堂是塔川村里保存最好的大宅，主人姓吴，据说祖上是经商之人。这幢上下对开间的四合大屋，是典型的徽州古民居家庭园林院落。积余堂的门窗上有着许多精美的的木刻。层层叠叠的很是精美，雕的大都是生活气息很浓的牧歌式图案，还用工笔题了极为细致的诗词，这正是积余堂木雕最大的特别之处。回廊莲花门上的木雕更是其中的精华，采用透雕和浮雕两种手法，十六扇门刻有十六幅图，再配十六首出自《千家诗》的唐宋七绝，每一幅木雕就是一首诗，诗情画意，相得益彰。而诗句就题写在木雕的空隙间，诗词的字仅有几毫米大小，令人拍案叫绝。

TIPS

地址 位于安徽省黟县境内，距离宏村约2公里。

贴士 站在村落旁的宏儒公路上，就可以俯瞰整座村落。

塔川村古老民居园林院落

西递 XIDI 022

最美理由 /

西递与宏村同为世界文化遗产，所不同的是，宏村的美在于湖光山色，而西递的美在于厚重的历史和文化。精致的建筑、小巧舒适的院落和气派堂皇的大户人家组成了韵味十足的徽派建筑群，无愧于“中国明清民居博物馆”的赞誉。

最美季节 / 秋季

最美看点 / 刺史牌坊、敬爱堂、西园、大夫第

最美搜索 / 安徽

西递的美在于厚重的历史和文化

西递始建于北宋元丰年间，距今已有900余年的历史。村子四面环山，有两条溪水流过，又因曾设有古驿递铺，以此得名。据史料记载，西递村的始祖原是唐昭宗李晔之子，因为遭遇变乱而逃匿民间，改为胡姓，在此繁衍生息而形成聚居村落。据说西递最鼎盛时，村中曾有大大小小的宅院近600座。

刺史牌坊

这座建于明万历六年（1578）的青石牌坊是三间四柱五楼的结构，峥嵘巍峨，飞檐迭起，正是胡氏家族地位显赫的象征。如果从高处俯瞰西递，可以看到整个村落的形状仿佛一条行驶中的大船，而刺史牌坊恰恰如高耸的桅杆一般矗立在船头。

敬爱堂

原为西递胡氏十四世祖仕亨公住宅，始建于明万历年间，后毁于火。清乾隆年间重建时，改为宗祠，面积达1800多平方米，为西递村现存祠堂之最。这里不仅作为祠堂，还是村中族事商议之室，和族人举办婚嫁喜事，教斥不肖子孙的场所。

西园

西园是西递村中一处颇为别致的民居院落，建于清道光年间，为典型的徽派造园手法，幽静怡人。园中有两块松、石、竹、梅的“四君子”石雕漏窗，画面分成八个层次，运用了中国古代雕刻技艺的所有技法，堪称中国古代石雕作品中的“绝世之作”。而屋中的客厅条案上，至今还摆着“老三样”——东瓶西镜，中间一座古色古香的自鸣钟，象征着“终生平静”的生活追求。

大夫第

建于清康熙三十年（1691），是朝列大夫胡文照的故居。在其临街的一面，悬空挑出一座小巧玲珑的观景楼，在建观景楼时为了方便邻居的行走拉车，有意识地往后退了一步，没有和正房一样齐，并在其观景楼的门楣上留下五个小篆体字“作退一步想”，耐人寻味。

TIPS

地址 位于安徽省黄山市黟县东南部。黟太、慈张公路直达。距黟县县城4公里，距黄山市政府所在地屯溪区54公里，距黄山风景区40公里。

特产 腌齑炖豆腐、石鸡等，石墨茶、腊八豆腐等。

据说西递最鼎盛时，村中曾有大大小小的宅院近600座

唐模 TANGMO　023

最美理由 / 这里有皖西最大的水口园林——檀干园，小西湖碧波荡漾，确有杭州西湖半分美色，让人留恋；有夹溪水而建的水灵灵的水街；有在徽州牌坊中出类拔萃的同胞村翰林坊；有生机盎然的千年银杏古树……古谚云"唐模裳越，饿死情愿"，足见其景色之美。

最美季节 / 春秋两季

最美看点 / 水街、同胞翰林坊、檀干园、古树

最美搜索 / 安徽

一条溪水穿村而入，水从村里往外流出

唐模村为唐朝越国公汪华的太曾祖父所创建，后经几代人的辛苦劳动，逐步形成了一个聚族而居的村落。唐模，即按盛唐时的模式、风范、标准建立的意思。

水街

唐模的村口很特别，一条溪水穿村而入，水从村里往外流出，水街就夹溪而建。溪水倒映着两岸的青墙白瓦，水街两岸是避雨的长廊。

同胞翰林坊

"天下牌坊数徽州，徽州牌坊一座半"，一座指的是歙县的规格最高的歙县许国石坊，另外半座就是唐模这座建于清康熙年间的同胞翰林坊。在康熙十五年和二十四年，唐模

许氏兄弟许承宣和许承家分别考中进士并被皇帝钦点为翰林，这座同胞翰林坊就是为表彰兄弟俩而建。牌坊为三间三楼四柱式，高16米，宽9.6米。上面布满了梅花、仙鹤祥云、麒麟送子、鲤鱼跳龙门、喜鹊报喜等寓意吉祥的精致徽雕。

TIPS

地址 位于安徽省黄山市徽州区，距歙县仅10余公里。

特产 徽墨、徽州贡菊、黟县香榧。

檀干园

檀干园是仿照杭州西湖建造的园林。六七月时的檀干园最美，那时湖面上荷叶连碧，蝉鸣蛙唱。在这个方寸小亭中，还藏有历代书法大家的精品，在国内绝无仅有。亭中有碑藏18块，刻有包括“苏、黄、米、蔡”等书法名家的真迹。

古树

有着千年历史的唐模村，自然少不了参天古树。尤其是作为唐模镇村之宝的银杏树，更是随处可见。尤其是那棵相传为汪氏先祖亲手种下的银杏树，树龄高达1370年，十几人才能合抱，至今郁郁葱葱，果实累累，静静地展开枝叶，荫庇着唐模的子民们。另外，村口还有一棵有“天下第一媒树”的老樟树，已有400年历史。因为在电视剧《天仙配》里“客串”了为牛郎织女牵线的老槐树，因而有情人们纷纷在树上挂上许愿的红带，寄托着爱情圆满的美好愿望。

唐模村为唐朝越国公汪华的太曾祖父所创建，后经几代人的辛苦劳动，逐步形成了一个聚族而居的村落

关麓 GUANLU 024

最美理由 /

关麓位于素有“小桃源”之称的黄山脚下的黟县，村庄淡如止水，静卧在青山绿野之间，村前潺潺的溪水绕村一弯而过，溪畔的累卵青石上满布的青苔，向人们暗诉着时光的清幽。关麓最具特色的古民居为“八大家”，八幢大宅既连成一体又互相连通，成为罕见的联体古民居，“八大家”还被誉为“中国古代私塾文化博物馆”。

最美季节 / 春秋两季

最美看点 / 八大家、米塑、砖雕、海底木

最美搜索 / 安徽

村庄淡如止水，静卧在青山绿野之间

关麓是唐朝名臣汪华的后裔聚族而居的地方，建村已有千年历史。几十座房屋连绵横亘，高低错落，气势颇是恢宏。

八大家

“八大家”是关麓最具观赏价值的楼院。其建筑始于清顺治、康熙年间，竣工于咸丰、

同治年间，前后经历200多年之久，才形成如今的规模。“八大家”为关麓村核心建筑，系同胞兄弟八人所建的八座豪华住宅。外观上八座宅院自成单元，而且每幢古宅都有自己的天井、厅堂、花园、小院，户户均有清一色的铁皮大门和莲花小门；而实际上楼与楼之间相互沟通，屋楼上下皆有门户走廊互相联结，如同联体，实为宗族观念和势力的生动写照。

老屋都有精致的木雕和典型的徽州摆设，虽然有一些被破坏了，但余韵犹存；屋内雕梁画栋，绘彩描金，虽历数百年，仍然鲜艳。与其他地方重男轻女的传统习俗不同的是，其中还有供女子读书求学的书厅，双桂书屋便是其中之一，书屋内的藻井彩绘多以花草、美人为主，特别是数十只彩蝶，千姿百态，栩栩如生。

米塑、砖雕、海底木

关麓除了古建风格独到卓绝之外，还另有三绝——“米塑”“砖雕”和“海底木”，它们与“八大家”一起合称为“关麓四绝”。米塑，顾名思义，是谷米塑成物形的“盆景”，为旧时祭祀用的供品，这一名不见经传的民间艺术，仅流传于此；关麓的砖雕精品位于“八大家”中老四汪令钰瑞霭庭居所的门罩上，共分七层，尤以第五层的“小康世家”作品最为精美；海底木是指一张长2米、宽1米的古式烟榻。触之手感冰凉，盛夏坐在上面，酷暑顿消，因此被誉为“海底木”。

TIPS

地址 位于安徽省黄山市黟县城西南武亭山麓，距黟县县城7公里。

特产 歙县金橘、徽州山核桃、朱郑荸荠。

关麓是唐朝名臣汪华的后裔聚族而居的地方，建村已有千年历史

棠樾 TANGYUE 025

最美理由 /

石牌坊与古祠堂、古民居并称徽州古建三绝，棠樾的牌坊群是徽州牌坊中最有名的一处，7座牌坊透迤成群，雄伟壮观，无论从前还是从后看，都以“忠、孝、节、义”为顺序。棠樾牌坊群旁的清懿堂，是中国唯一的女祠。

最美季节 / 夏季

最美看点 / 牌坊群、敦本堂、清懿堂、鲍家花园

最美搜索 / 安徽

棠樾的牌坊群是徽州牌坊中最有名的一处

棠樾是鲍氏家族的聚居地。鲍氏家族原是山东青州人，自宋代开始迁移到徽州棠樾村居住。鲍氏明朝为官，清朝经商，家族昌盛18代长达400年之久。尤其在清代，鲍氏以富商巨贾众多而闻名于世。

牌坊群

在棠樾村东端甬道上，井然有序地屹立着7座古朴典雅的牌坊，自然地构成牌坊群，蔚为大观。牌坊群以“义”字牌坊为中心，从两边向中间按“忠、孝、节、义”对称排列。

7 座牌坊中有 3 座明坊，4 座清坊。最早的一座是排在第二的“慈孝里”牌坊，修建于明永乐十八年（1420）；最晚的一座是排在第四的“乐善好施”牌坊，修建于清嘉庆十九年（1814），时间前后相差 300 多年。

TIPS

地址 位于安徽省黄山市歙县县城西郊。205国道可直达。距歙县县城6公里，距黄山市区18公里。

特产 徽州豆腐，渔梁豆腐干，金花糖。

敦本堂

敦本堂是鲍氏家族的祠堂，原名万四公祠，俗称男祠。始建于明嘉靖末年，至清嘉庆时重修扩建，为清代徽州祠堂建筑艺术的典范。最典型的是其“肥梁瘦柱内天井”的徽派建筑特征，屋柱细而高，横梁却很粗，被称为“冬瓜梁”。祠堂内还存有义田规条碑和清嘉庆皇帝上谕碑等 17 方碑刻，显示着棠樾鲍氏家族的煊赫。

清懿堂

除男祠外，棠樾还有一个独特的女祠清懿堂。清嘉庆年间，棠樾人鲍启运“因家祠旧奉男主，未女主，遗命其子有莱重建女祠”。女祠取阴阳相悖之意坐南朝北。女祠堂上有一块横匾“福我云礽”，“我”字的那一横是断开的，表示鲍家女子的忘我牺牲精神，能够牺牲小我成全家族的大我。

鲍家花园

在历史上是一座著名的江南私家园林，与苏州的拙政园、留园、狮子园和无锡的蠡园、梅园齐名。鲍家花园原为清代官商鲍启运家的后花园，集山、水、石、林、青砖小径、风雨长廊、亭台楼榭、徽派盆景于一身。

在棠樾村东端甬道上，井然有序地屹立着七座古朴典雅的牌坊，自然地构成牌坊群

南屏 NANPING 026

最美理由 /

南屏有恢宏壮观的祠堂群，被誉为"中国古祠堂建筑博物馆"；除了祠堂，南屏还完整地保存着72条迷宫般的深巷，纵横交错；300余幢明清古民居建筑，参差错落，安静地雕饰着这座古村的容颜。

最美季节 / 秋季

最美看点 / 叙秩堂、倚南别墅、程氏宗祠、古巷

最美搜索 / 安徽

300余幢明清古民居建筑，参差错落，安静地雕饰着这座古村的容颜

南屏是叶、李、程三大姓聚族而居的村落，每个宗族都有自己的家祠、支祠和宗祠，从而形成了南屏恢宏壮观的祠堂群。南屏至今还保留着8座祠堂，既有属于全族所有的"宗祠"，也有属于某一分支所有的"支祠"，还有属于一家或几家所有的"家祠"。宗祠规模宏伟，家祠小巧玲珑，形成一个风格古雅颇具神秘色彩的祠堂群。

叙秩堂

叙秩堂是南屏祠堂群中最出彩的一个，

位于南屏村中心，是叶氏的宗祠，始建于明成化年间，坐东朝西，占地近2000平方米。86根脸盆般粗细、10米来高的银杏木立柱支撑着这座庄严的建筑，撼人心魄。1989年，张艺谋的《菊豆》在此拍摄，叶氏宗祠变成电影中的“老杨家染坊”，至今“老杨家染坊”的横匾仍高高悬挂，祠堂中还摆放着当年拍电影的道具和剧照。

倚南别墅

建于清咸丰年间，距今约150年的历史，是当时南屏村中四大财主之一——叶自珂的住宅，因背倚南屏山而得名“倚南别墅”。倚南别墅的上厅内雕梁画栋，描金绘彩，其楼板斗拱、雀替、莲花门等处工艺精巧的木雕，堪称南屏一绝。

程氏宗祠

建于清乾隆年间，约200年历史，在南屏村众多的祠堂当中规模虽不算大，但以精湛的石雕艺术取胜。祠堂大门两侧各有一组由护栏、鼓座、石鼓的黟县青石雕，尤其是两边护栏上的“八骏”及“十鹿”图，栩栩如生，令人叫绝。

TIPS

地址 位于安徽省黄山市黟县县城西南4公里处。

特产 麻黄鸡、白乌骨鸡、三黄鸡、红心芋、小红稻、荞麦、雪花藕、烤鸭。

南屏以精湛的雕刻艺术取胜

古巷

村中有72条高墙深巷，纵横交错，相互贯通，如同一座巨大的迷宫，曲折难辨；生人来此，若是没有本村人的陪伴，肯定会迷路。步步高升巷是72条巷弄中最长、层次感最强的一条，从巷头到巷尾慢慢升高，别有情趣。有一个出村的小秘诀，在村中很多岔路口有“泰山石敢当”的石刻，只要背对着石刻，左侧一般就是出村的方向。

潜口民宅 QIANKOUMINZHAI 027

最美理由 /

潜口民宅与宏村、西递这些自然遗留的古民居不同，是把散落在徽州各地的古民居收集起来，统一安置在黄山南大门的紫霞峰麓。整个徽州，把老房子集纳在一起展览，除了潜口，再也找不到第二家。

最美季节 / 春秋两季

最美看点 / 方氏宗祠坊、方文泰宅、方观田宅、司谏第

最美搜索 / 安徽

整个徽州，把老房子集纳在一起展览，除了潜口，再也找不到第二家

潜口民宅总面积3万平方米，采取原拆原建的方法，主体建筑按照徽州古民居形式布局，依山就势，自然构造。分为明庄和清庄两部分，将明代建筑13栋、清代建筑10栋集中一处，室内的家具和生活用品，也完全按照明清代的风格特色。这样一来，整个潜口民宅，从里到外都传递出徽州传统村落的气息。

方氏宗祠坊

建于明嘉靖年间，这座牌坊有一个奇特之处：徽州牌坊顶端龙凤榜上一般刻着“恩荣”“圣旨”“御赐”等字，这里却雕刻着一个龇牙咧嘴的鬼和一只古代量谷物的方斗图案，“鬼”与“斗”合成“魁”，反面则为一幅“月宫桂树图”，寓意魁星高照、蟾宫折桂、金榜题名，立牌坊者希望家族子孙中多出文魁星，

光宗耀祖，其用心可谓良苦。

乐善堂

又称“耄耋厅”，建于明代中叶，此堂是供族中 80 岁以上的老人娱乐和议事的场所，大概相当于现在的老年人活动中心。

方文泰宅

方文泰宅为口字形四合院布局，楼梯口设有盖门，关上以后，回廊走道连成一体，这就是“跑马楼”。楼上还设有美人靠，栏板的外侧是徽州民居装饰的重点，一般都雕有精美的图案。

方观田宅

方观田宅是一座典型的明代徽州普通农民住宅，建于明代中期。该宅为一进三间砖木结构的楼房，小青瓦、马头墙、楼厅、天井、栏板均采用护缝制装饰，楼下青砖铺地，大门有门罩保护。

TIPS

地址 位于安徽省黄山市徽州区潜口镇潜口村，地处黄山南大门。205国道可直达，北距黄山风景区39公里，南距岩寺仅7公里，西距屯溪区23公里，东距歙县县城18公里。

特产 里蕻、贡米、竹笋、水果、马蹄、山珍、苗木。

司谏第

建于明弘治八年（1495），是江南现存明代遗构中最早的建筑之一，保留了浓厚的宋、元建筑风格。现存前厅 3 间，进深 6.6 米，面阔 7.8 米，流云飞卷的枫拱，显示出明代营造风尚，在江南明代大木中是极为罕见和珍贵的，同时也是研究宋元以后斗拱演化的珍贵实物。

曹门厅门庭九开间，献柱八根，整齐划一，庄严肃穆

呈坎 CHENGKAN 028

最美理由 /

呈坎是皖南最古老、最神秘的村庄，是一个自然八卦和人文八卦相结合的千年古村，是空间形态和意识形态最完美的结合，充分体现了古人阴阳相济、天人合一的建筑哲学理念，也成就了中国古村落建筑史上的一个奇迹。

最美季节 / 夏无酷暑，冬无严寒，四季均可游览。

最美看点 / 八卦布局、宝纶阁、陂匾额、长春社

最美搜索 / 安徽

呈坎充分体现了古人阴阳相济、天人合一的建筑哲学理念，也成就了中国古村落建筑史上的一个奇迹

呈坎古名龙溪，始建于三国时期，距今已有1800多年历史。呈坎的明代建筑，不仅类型丰富，其风格之独特在全国都属独一无二。整个村子井然有序，号称“三街九十九巷”，现有明代民居30余幢，其中举世罕见的明代三层楼就有8幢，堪称一绝；还有清代民居200余幢。呈坎古村以官家建筑为主。

TIPS

地址 位于安徽省黄山市徽州区岩寺镇西北20公里处的呈坎镇。205国道可达。距黄山市区27公里，距黄山风景区45公里。

八卦布局

呈坎按《易经》八卦风水理论选址布局，“呈”即向上为天，“坎”即洼下为“地”；一条古老的龙溪河呈“S”形由北向南穿村而过，形成八卦阴阳鱼的分界线；村庄南北的两座庙宇，像鱼的眼睛分列左右；村外四周的8座山峰，正好组成了八卦的8个方位；村里面的3条街、99条巷，巷巷相通，有如棋盘迷宫。所有的一切，构成了一幅完美的八卦图，也使呈坎成为中国古村落建设史上的一大奇迹。

宝纶阁

原名“贞靖罗东舒先生祠”，始建于明嘉靖年间，其格局按山东孔庙格式，整座祠堂占地5亩余，分前、中、后三进，规模宏大，气势雄伟，被誉为“江南第一祠”。寝殿是整个祠堂建筑中最精华的部分。面阔30米，进深10米，背高15米，12根造型优美的石柱傲然并列，为民间建筑所罕见。还有梁柱和额枋上的木构彩画，距今已有450多年的历史，仍色彩鲜艳，采用何种材料，至今还是难解之谜。

古匾额

古匾额是呈坎家族世代荣耀显贵的标志，从宋到清，村中留下了大量的古匾，现保存完好的仍有30多块。其中年代最老的是“大司成”匾，距今已有700年的历史。宝纶阁享堂屏门上方悬挂的“彝伦攸叙”匾，长6.5米，宽2.5米，每个字一笔就有2米，民间罕见，堪称“古匾之王”，为明代大书画家董其昌题书。

长春社

俗称社屋，建于南北朝时期的宋中兴年间，距今已有1500多年，为祭祀土地神、五谷神的场所。

呈坎按《易经》八卦风水理论选址布局，“呈”即向上为天，“坎”即洼下为“地”

查济 ZHAJI 029

最美理由 /

查济是皖南最大的古镇，这里曾有祠堂、庙宇、石桥各108座，石板路108华里。查济古民居既受到徽派建筑的影响，也有北方建筑的宏伟气派，以及苏、浙园林的精巧布局。村中满目断壁残垣，用“废墟多到让人觉得辉煌的地步”这句话来形容一点都不过分。

最美季节 / 四季皆宜

最美看点 / 德公厅屋、二甲祠、宝公祠、走马楼、爱日堂、古桥

最美搜索 / 安徽

查济古民居既受到徽派建筑的影响，也有北方建筑的宏伟气派，以及苏、浙园林的精巧布局

625年，查济的先祖文熙公致仕归里，开始营建查济村落。清代书画名家查秉钧、查春如，当代的武侠小说大家金庸（查良镛），都是查氏家族的后人。村里遗留的古屋重重叠叠，让人迷失，仿佛繁杂的历史突然打开一小页，无数往事奔涌而出。

TIPS

地址 位于安徽省宣城市泾县县城西60公里处的厚岸镇。322省道可直达。处于查济河两岸。

特产 栗子、大障笋、绩溪李、伏岭饼、臭鳜鱼、石鸡等。

贴士 查济广源楼客栈楼顶是唯一能够观赏查济全景的处所。

查济是皖南最大的古镇

德公厅屋

查济唯一残存的元代建筑，坐西朝东，建筑面积原来很大，因历代均有毁损，现仅存100平方米。德公厅屋的门楼始建于元顺帝十年(1333)。这幢门楼既是一座厅屋的大门，又是一座可以独立的牌坊。屋内主要结构是以16根非常珍稀的贵重楠木柱为主，显示此厅屋当时在查氏家族的重要性。

二甲祠

二甲祠是村内现存最大的一座祠堂，为明代建筑，门楼高翘的飞檐在空中画出优美的天际线，整个祠堂内墙为雕花木板封贴。

宝公祠

建于明洪熙年间，至今已近600年。进门大梁上的两块浮雕，上刻“狮子滚绣球”，气势之雄伟为世罕见；几十根杏木大柱及柱下石磉尤令人赞叹不绝，堪与故宫媲美，由此可见当年的宝公祠是何等的雄伟和精美。

走马楼

查济的走马楼是明代的建筑，正中是客厅，厢房内一个三面雕花的镏金大床，制作考究，图案华丽，大红大绿的缎面被，显现出家族的富有和温馨。

爱曰堂

明天启年间所建，古宅的门枋、石额、墙裙、柱础上、梁柱间的斜撑、斗拱、额枋窗棂和门楣上，都有精美的雕饰。

古桥

据说查济村原有108座桥，现在虽不复有往日风采，却仍存有红楼、天申、灵芝等15座小石桥。红楼桥是查济最富有传奇色彩的桥梁，桥建于明代，为一拱形石桥，长8米，宽5米，拱高10米，早时在此桥上曾有一个三层小红楼，一些文人雅士常常来饮酒、品茶。

屏山 PINGSHAN 030

最美理由 /

屏山村内保存有200多幢明清古民居，其中舒庆堂是中国皖南地区少有的明代宗族祠堂。村中有少许高楼，是欣赏古村全貌的瞭望台，村中的建筑多有重重叠叠的马头墙，到处是白墙灰瓦的民居，不但是一派古风犹存的氛围，而且具有江南水乡特有的美。

最美季节 / 春秋两季

最美看点 / 庆余堂、光裕堂、舒绣文故居

最美搜索 / 安徽

村中的建筑多有重重叠叠的马头墙，到处是白墙灰瓦的民居

屏山在唐宋时称长宁里，后因村北的屏风山状如屏风，而得名屏山村，又因明清建制曾属徽州府黟县九都，故又称九都舒村。村内居民多姓舒，舒姓是伏羲九世孙叔子的后裔，唐朝末年由庐江迁居此地，距今已有1100多年的历史。屏山村依山傍水，吉阳溪水自北向南穿村而过，村中房舍皆沿溪流两岸建造，十余座各具特色的石桥横跨溪上，桥下不时有村妇浣洗的捣槌声。

庆余堂

庆余堂是皖南地区规模最大的明代宗族祠堂，建于明万历年间，占地480平方米，坐北朝南，整个祠堂气势磅礴。庆余堂的大门是用水磨砖砌成的双柱三楼大型贴墙牌坊，高约10米，十分宏伟。祠堂内分为三进，主要构架全部用银杏木构造。大柱直径将近半米，气势非同小可。

光裕堂

光裕堂坐落于屏山村西面，与过村主要道路相隔不远。由过村道路引入的支路从祠堂门前经过，并在祠堂广场前面形成通向村内的4条主要巷道，因此光裕堂在村中处于十分重要的位置。光裕堂建于清代，因祠内有彩塑砖雕菩萨罗汉300余尊，所以俗称为“菩萨厅”，祠堂门楼及内部雕饰，十分精美。

舒绣文故居

舒绣文的祖父舒斯笏，是清末进士。抗日战争时期，舒绣文与当时在重庆的白杨、秦怡、张瑞芳一起，被誉为中国话剧界“四大名旦”。特别是主演影片《一江春水向东流》，使其闻名于世。故居名“黍谷堂”，建于清末民初，是一幢前后两进楼房，带有花园和小院。这里的建筑风格与传统的皖南建筑有很大不同，摒弃了传统的天井，而用六扇联体莲花门弥补天井采光不足的缺陷。值得一提的是，该屋学堂厅的两侧用的是雕花门装饰墙壁，这在整个徽州也是不多见的。

TIPS

地址 屏山村位于安徽省黟县东部4公里处。

屏山在唐宋时称长宁里，后因村北的屏风山状如屏风，而得名屏山村

湖村 HUCUN 031

最美理由 /

湖村就在环山围绕的山谷中，该村最为出名的乃是雕刻精美的门坊群，一条长达数百米的街巷关联全村，巷内有连片卓越的民宅门楼，皆以风格各异、制作精细的砖雕做装饰，门楼砖雕取材广泛，内容丰富，最深处可达九层，可谓巧夺天工，这就是闻名遐迩的中华门楼群。

最美季节 / 秋季

最美看点 / 门楼巷、章氏宗祠、秋千抬阁

最美搜索 / 安徽

湖村就在环山围绕的山谷中

湖村肇基发祥于明万历年间，距今已有400多年的历史。这里居住的是胡氏家族和章氏家族，打破了传统徽州聚族而居的村落特征，开同村多姓之先河。

砖雕是徽派建筑三雕艺术中的主要雕刻艺术，湖村的门楼砖雕堪称皖南砖雕艺术中的上乘之品，整个徽州无出其右者。砖雕门罩的形制丰富，有书卷式、城楼式、垂花柱式、匾额式和仿木结构的三开间式等；雕刻技法娴熟，镂雕、圆雕、浮雕、阴刻等应有尽有，具有很强的立体感和质感效果；而且时跨300余年，从清初到民国一直连续不断。

门楼巷

这是一条长达数百米的街巷，连片的门楼砖雕堪称徽州之最，每一幅砖雕都是一件稀世珍宝。这是一个呼之欲出的微观世界：陈桥兵变、三顾茅庐、渔樵耕读、飞禽走兽、花卉竹木、楼榭亭阁、山水车舟、八宝博古（花瓶）等，具有奇异变形的浪漫美。砖雕层次最多能达9层，循序渐进，变化多端，妙不可言。

章氏宗祠

坐北朝南，面阔三间，进深五间，占地面积175平方米。该宅的南檐墙、西山墙各开一座大门，石库门上方满饰砖雕，其中一座最大雕饰面积达4.2平方米，在整个徽州也找不出第二例，真可谓叹为观止。

TIPS

地址 *位于安徽省绩溪县东南部北村乡，距县城18公里。*

章氏宗祠内景

秋千抬阁

这是当地特有的民俗，由138人组成，气势雄伟。秋千为风车形，转轮于花船上缓慢转动，花船由人抬行，转轮悬活动转椅，由少女彩旦，着古服，缚坐在椅上，唱徽调，伴以吹奏。抬阁为木棉方箱，四周镂花，架幼童两三名，扮戏文，用钢筋按人物分次把演员固定在阁上，不露痕迹，惊险奇观，堪称江南绝活。

理坑 LIKENG 032

最美理由 /

理坑是号称中国最美的乡村——婺源境内古建筑最集中、保存最完好的村庄，有着婺源最典型的明清官邸群，数量、款式之多国内罕见，被誉为“中国明清官邸、民宅最集中的典型古建村落”。

最美季节 / 春秋两季

最美看点 / 官宅、官厅、天官上卿

最美搜索 / 江西

理坑自古被誉为“书乡”

理坑建村于北宋末年，距今已有800多年。山溪在当地称为“坑”,这也是理坑的“坑”的来历,而“理”字则是指理坑原来是“理源”，顾名思义，理学渊源之地，素有“山中邹鲁”之美誉。理坑自古被誉为“书乡”，几百年来，村中出过七品以上的官宦36人，进士16人，文人学士92人，由这些人撰写的著作达330部582卷之多。

官宅

理坑的明清官宅120余幢，大部分保存完整，一座座官宦老宅静静地卧在巷弄之中，大门紧闭，宅院幽深。官宅与常见的徽商宅院在建筑上有所不同。官宅是大气磅礴，石库门枋、水磨青砖、飞檐门楼，而且只有官宅才能设台阶，台阶的多少，根据官职的大小来定。一般官宅大门两旁的墙体，都有一个浅浅的斜面，呈“八”字形。民宅因不宜张扬，则外秀内精，有精美的“三雕”和合理的格局。理坑的民居还有一个特点：外墙角都是在砖中镶进去的石柱，且柱角是被“削”平的。“削”去的部分正好与墙角线形成一个三棱体。据说这是提醒村民凡事都要“让人三分”。

官厅

官厅又称驾睦堂，是明崇祯年间广州知府余自怡敕建的府邸。整个建筑气势非凡，为二进制，正厅五间，三面回廊。在正厅里，柱子一律是方柱，象征官厅主人刚直不阿，方方正正。

天官上卿

天官上卿是明天启年间吏部尚书余懋衡的府第，“天官上卿”代表着主人的官职。这所房子的特别之处在于它的外墙歪歪扭扭，连出三角，大门开在角上，但屋内却非常方正，据说这反映了余懋衡一生为人处世、做官的心态，只要做人端端正正，外表怎样没关系。

TIPS

地址 位于江西省上饶市婺源县北部沱川乡。距婺源县城55公里。婺沱（沱乡）公路可达。

特产 红辣椒、鱼。

理坑是号称中国最美的乡村
——婺源境内古建筑最集中、保存最完好的村庄

晓起 XIAOQI 033

最美理由 /

晓起堪称中国最具韵味的古文化生态村，这里既有精美堂皇的明清古代建筑，也有精美的木雕、石雕、砖雕，还有数十棵几百年老樟树，野碧风清，更不乏山坡田园的风韵，水绕城郭的美景，这一切，共同构成了晓起最动人的画面。

最美季节 / 每年3月中旬，油菜花开的季节。

最美看点 / 百忍堂、双井印月、樟树王、礼耕堂、继序堂

最美搜索 / 江西

晓起的名字源于先祖汪氏逃乱到此时，天刚破晓

晓起村始建于787年，距今已经有1200多年的历史。晓起的名字源于先祖汪氏逃乱到此时，天刚破晓。村子背倚山、面临水，山水合抱间分成了上晓起村和下晓起村，两村间距1公里左右，连接上、下晓起村的是一条蜿蜒曲折的青石古道。下晓起村人姓汪，

多为商家；上晓起村人姓洪和江，乃后来迁入，多为官宅。

百忍堂

晓起最年长的建筑，据说建于明洪武年间，距今已有600多年历史。百忍图是晓起村中长辈或族长议事的地方，有三进，每进都是三间两厢，非常宽敞，门楣上画有“百忍图”，故名“百忍堂”。

双井印月

双井是宋代遗留的古井，一大一小，大井水满溢到小井中而不会倒灌，小井则是为保护水源洁净，来汲水前涮桶用的；小井水满则注入水渠，流向村外浇灌禾苗。每到夜晚，更是会出现双井印月的奇景。

樟树王

村口有一棵千年樟树，据说已经有1560年了，树干笔直，傲然不群，有30多米高，五六人才能围拢，樟香浓郁，仿佛有一种神灵之气扑面而来。

礼耕堂

礼耕堂有200多年的历史，与紧挨的“继序堂”分别是兄弟两人的住宅。礼耕堂的砖雕很出彩，门楼上方有琴、棋、书、画四组，左侧是麒麟送子，右侧是三羊开泰，都是取吉祥之兆；门楼下方左右两侧四幅石雕图案别出心裁，分别刻有喜鹊、鹿、蜜蜂和猴，隐喻“爵（鹊）禄（鹿）封（蜂）侯（猴）”。

TIPS

地址 位于江西省婺源县城东北部，段莘水和晓起水的交汇处。距婺源县城45公里。

特产 龙尾砚，婺源绿茶。

继序堂

继序堂门楼上的砖雕是里三层外三层的形式，分别刻着福、寿、财、禧，忠、孝、节、义，渔、樵、耕、读等各种图案，非常精美。

晓起堪称中国最具韵味的古文化生态村

流坑 LIUKENG 034

最美理由 /

流坑村以规模宏大的传统建筑、风格独特的村落布局闻名。村中现存明清传统建筑及遗址260处，尤为珍贵的是，这些从明代纵贯近代民国的古建筑，大多存有明确纪年，被专家誉为中国古代文明的缩影，有“千古第一村”的美誉。

最美季节 / 农历正月初二至十五期间能看到很多流坑特有的民俗，如傩舞、何杨灯会等。

最美看点 / “七横一竖”布局、大宗祠遗址、理学名家、永亨堂、大宾第建筑群、傩戏

最美搜索 / 江西

流坑村以规模宏大的传统建筑、风格独特的村落布局闻名

流坑村始建于五代南唐升元年间（937~942），全村所有的男丁都姓董，尊汉代大儒董仲舒为始祖，董合为流坑董氏的一世开基祖。

"七横一竖"布局

流坑村以"七横一竖"的巷道为主体框架，东西方向设七条平行排列的横巷，南北方向辟一条直巷，族人按房、派、宗、支分巷居住；每条横巷入口处都建有碉堡式的门楼，门楼之间以村墙连接围合，延伸至乌江边分别建有7座码头，这种便于生活又易于防守的封闭式布局，使流坑村如同一座完整的城池。

大宗祠遗址

宗祠始建于元，占地约1万平方米，祀奉董氏始祖大司徒公董合。可惜的是1927年被战乱焚毁，只留下5根高8米、直径0.7米的花岗岩石柱，依旧傲视苍穹。

理学名家

流坑的中巷有一座挂着一块"理学名家"木匾的宅院，主人是明万历年间官至南京刑部郎中的董燧。门前有一对红砂石做的石狮子，据说是涂了糯米、蛋清之类的东西，才得以保存至今。

永享堂

为明万历年间流坑董氏名宦董懂所建。屋前的照壁为四柱三间牌坊式，正中一幅砖雕为麒麟望月图案，麒麟踏于波涛之上，有腾空入云之势，层次分明，栩栩如生。

大宾第建筑群

大宾第原名"金沙钱"，为清代流坑商宦宅第。7幢既独立成章，又珠联璧合的民居组成整个建筑群，占地面积约2000平方米，总体布局呈长方形，前后相连，左右相通，所以又称"村中村"。

傩戏

傩戏在流坑被称作"玩喜"，是为了驱鬼祈福。每逢农历新年正月初二至十五，各房族都要燃点香烛，请下傩神，到古戏台或村中登科、添丁、娶媳、升官等喜事之家表演。32个傩神角色出演15种节目，长达数小时。

TIPS

地址 位于江西省抚州市乐安县牛田镇东南部乌江水系的田牛水之畔。乐安县至流坑村37公里处可达。距乐安县城32公里。

特产 茶树菇。

贴士 村东小山上有座凉亭，与流坑村隔乌江相对，是个俯瞰整个村庄的绝好地方。

全村所有的男丁都姓董

瑶里 YAOLI 035

最美理由 /

瑶里是瓷都景德镇的陶瓷发祥地，步入古镇，这里的每一寸泥土中都埋藏着古瓷的碎片，有些甚至就裸露在外面，充当了一块小小的铺路石子，让深厚的历史轻易便融进了古镇的生活。

最美季节 / 10 ~ 11月

最美看点 / 程氏祠堂、狮冈览胜、陈毅故居

最美搜索 / 江西

瑶里是瓷都景德镇的陶瓷发祥地，步入古镇，这里的每一寸泥土中都埋藏着古瓷的碎片

瑶里，古名"窑里"，远在唐代中叶，这里就是景德镇瓷业的东源头和重要的制瓷原料基地，境内盛产制瓷原料——高岭土，不乏生产陶瓷的手工业作坊。直到清代，高岭土矿藏采掘殆尽，瓷都的光芒渐渐黯淡，"窑里"才改名为瑶里。曾经有过的那一段辉煌历史才逐渐被凝固和尘封，被世人所遗忘。

古镇街道狭窄曲折，游人稀少，偶有居民经过。建筑保持着完好的初始风貌，陈旧的颜色标志着古稀的年龄。幽深的厅堂和雕花的门楼，于幽深中透出一种雅淡，静寂中显现着无限生机。

程氏祠堂

是整个村庄里最引人注目的建筑，又名

"惇睦堂"，始建于明代中叶，清道光年间重新整修过。由于风水的缘故，其建筑风格不同于其他祠堂，上、中、下三堂的朝向各不相同。在祠堂中的屋梁上有很多关于程咬金的木雕图案，据说，这里的程姓人家都是程咬金的后裔，所以他们对程咬金推崇备至。祠堂的一侧是瑶里瓷器博物馆，陈列着明代以来不同年代的一些陶瓷制品和原始的制陶工具，见证着瑶里陶瓷文化的悠久与厚重。

狮冈览胜

这幢老宅建于清朝末年，是一幢外形为欧式风格，内部却为徽派结构的建筑。老宅的精美木雕犹如鬼斧神工，门窗、房梁上约有涉及吉祥图案、四大名著、古代戏文等内容的上百幅木雕，雕刻刀法都如剪纸般精细流畅。

陈毅故居

隐没在民居中的陈毅故居原名"敬义堂"，修建于清嘉庆年间。1937年11月、1938年2月，陈毅两次到瑶里指导红军游击队改编事宜时，就工作生活在这里。后来，在此成立了新四军驻瑶里留守处。旧居内现陈列着陈毅驻瑶里时的一些革命遗物。

TIPS

地址 位于江西省景德镇市浮梁县境内。从景瑶公路可达景区。距景德镇市区约48公里。

特产 茶叶、香菇、木耳、茶油、火笋、干蕨、苦槠豆腐、香榧、板栗。

深厚的历史已融进了古镇的生活

思溪 SIXI 036

最美理由 /

号称中国儒商第一村的思溪名字十分儒雅，积淀了厚厚的岁月。村中留有大量的明清建筑，老房多已百年，高高的走马墙依稀可辨昔日的辉煌；敬序堂一派古色古香；俞氏客馆隔扇门上，96个阳刻的由各种字体的“寿”字组成的“百寿图”，堪称木雕精品。这里的老宅仍然有后人居住，古色古香里透着生活的味香。

最美季节 / 3月底～4月初

最美看点 / 通济桥、兴泰里、花颐轩、敬序堂

最美搜索 / 江西

号称中国儒商第一村的思溪名字十分儒雅，积淀了厚厚的岁月

思溪建于南宋庆元五年（1199），为避战乱，俞姓子孙来到这条溪边筑室而居。因取“鱼(俞)”思恋溪水之意，村名遂为“思溪”。明末清初时期，思溪的商人致富后买田造屋以光宗耀祖，这里至今仍然保留着136幢古民居。

通济桥

通济桥是思溪村头最亮丽的一道风景。桥建于明景泰元年（1450），距今已有560多年历史。桥上有遮风挡雨的廊亭，两边有带

靠背的条椅，河中桥墩砌成尖尖的船头形状，俗称“燕嘴”，利于分水，对放筏木排也很有帮助；燕嘴墩上竖着佛教经幢，俗称“如来佛柱”，柱身呈八面形，每面都刻有佛像及佛号。此柱乃为镇水之石。

兴泰里

兴泰里在清乾隆时为当地著名的茶号，在江南有着很响的名声。兴泰里由继志堂、承德堂、承志堂三幢宅院组成，分别由三兄弟所有。继志堂建于清乾隆三十二年，已有250年的历史。此屋正厅月梁上的“鲤鱼跳龙门”木雕很是精美细腻，堂屋两厢腰板所刻十二名花更是争奇斗艳。承德堂的格式与继志堂相差无几。承志堂有座“百寿花厅”，其门枋上雕刻着99个不同形态的“寿”字，而整幢花厅在结构上则是第100个大写的“寿”字。

花颐轩

花颐轩建于清雍正年间，迄今已有270年历史。昔日为村里长寿者种花植卉，颐养天年之所。1987年曾在此拍摄《聊斋》电视连续剧。

敬序堂

敬序堂建于清雍正年间，主人为俞文杰，此人和《聊斋》的作者蒲松龄老先生交往很深。据说《聊斋》手稿的第一读者就是此人。敬序堂精致、淡雅、古朴，倒也十分符合蒲松龄笔下所描述的时代和意境。

TIPS

地址 位于江西省上饶市婺源县中部思口镇。距婺源县城11公里。

特产 荷包鲤鱼、江湾雪梨、龙尾砚、绿茶。

思溪的商人致富后买田造屋以光宗耀祖，这里至今仍然保留着136幢古民居

延村 YANCUN 037

最美理由 /

延村是江南徽商的发祥地之一，村中民居都是徽商所建，所以比其他古村的民居规模更庞大，造型也更考究。又因为都是一个金姓，所以宅宅相连，所谓“庭院深深深几许”，显得格外地幽远和静谧，形成“群屋一体”的规模。

最美季节 / 四季皆宜

最美看点 / 余庆堂、笃经堂、聪听堂

最美搜索 / 江西

宅宅相连，所谓“庭院深深深几许”，显得格外地幽远和静谧

延村原名延川，村落始建于北宋元丰年间，现在的延村基本上仍保留着明清的风貌，全村56幢古老的民居都有着百年以上的高龄了，黛瓦粉墙高低错落形成一道道山脊，在蔚蓝的天际间，勾画出宅居墙头与天空的轮廓线，无形中增添了一种空间层次和韵律的美。整个村庄没有一步台阶，意味平坦无垠，做人坦坦荡荡，做生意则一帆风顺。最有意思的是，每家每户都雕刻着老鼠的图形，一是因为老鼠多子多孙，二是老鼠会打洞搬米运粮，聚财有方。

余庆堂

这幢古屋建于清乾隆年间，为商人金时秋所建。天井两侧厢房门板上的木雕相当精致，左厢房锁腰板的“麒麟”喻意“麒麟送子”，“鹿”和“鹤”意谓“福禄寿禧”；两只山羊加天上的太阳就成为“三羊开泰”。古宅的后天井有一口石缸“镇宅缸”是用一整块黄麻石凿成的，缸内盛的是天上的雨水，叫“天落水”，意味“天降洪福”。令人惊讶的是，这缸水还能预报天气——要下雨了，水则浑浊；天放晴了，水则清净。原因何在，至今没人能揭开谜底。

笃经堂

为清朝初期建筑，房屋主人有三子，按长序，小房在外，二房居中，大房藏内，而房屋亦由外至内，层层拔高。三幢房屋由一条过道贯通，设置窄窄的板凳。外客要见主人时，须经三兄弟逐级禀报，客人只好坐在这窄板凳上等候。据说，俗语“坐冷板凳”便由此而来。

聪听堂

建于清康熙年间，是延村著名的书香门第。至今屋中仍保存清乾隆年间“桐城派”首领、著名儒学大师姚鼐的墨迹匾额。前厅梁枋和两厢是唐代诗人白居易《琵琶行》“浔阳江头夜送客”“枫叶荻花秋瑟瑟”“千呼万唤始出来”“犹抱琵琶半遮面”的四句诗意木雕图案惟妙惟肖，堪称写意木雕中的精品。

TIPS

地址 *位于江西省婺源中部思口镇西南侧，邻近婺清线，离县城仅13公里。*

延村是江南徽商的发祥地之一

渼陂 MEIPI 038

最美理由 /

渼陂古镇号称“庐陵文化第一村”，这里还曾是赣西南苏维埃政府和江西省苏维埃政府所在地，现保留有“二七会议”会址、红四军军部旧址、毛泽东、朱德、曾山旧居等古建筑及当时留下来的100余条红军标语。

最美季节 / 四季皆宜

最美看点 / 池塘、翰林第、陂头街、故居、“下元宵”节

最美搜索 / 江西

渼陂古镇号称“庐陵文化第一村”

渼陂始建于南唐初年，距今800余年，全村皆为梁姓。

池塘

穿过村口金色“渼陂”二字的牌坊，是一汪清澈碧绿的池塘，据说村里共有28口大小不一的池塘，这个数字跟天上的二十八星宿有关，而且每口池塘下边都有水道相连相通，在不同的季节自动调节每一口水塘的水

位，很是玄妙。

翰林第

“翰林第”即著名的梁氏祠堂，又称为“永慕堂”。祠堂占地1200多平方米，门楼飞檐与梁柱之间的镂空雕刻非常精致，正楣檐上的图案是由上百个镂空雕刻的汉字组成的，因为残缺，让人无法完整地阅读历史。

陂头街

陂头街是一条S形走向的长街，这是村里的标志性建筑，据说当年电影《闪闪的红星》中就有这条老街的身影。街一丈见宽，路面中心用一条条青石板拼接延伸，两边铺以大小均匀的鹅卵石；路两边则是老式的临街木门板店铺，褪色的门板依稀可辨当年的红色，白墙更是斑驳离析，裸露出青色的火砖。

故居

“名教乐地”居是毛泽东旧居，“光接斗牛”居为毛泽东和贺子珍的旧居。此外，村中还有朱德、彭德怀、黄公略、曾山、毛泽潭旧居，“二七会议”旧址等。由于红军在渼陂曾经进行较长时间的革命活动，许多建筑物的墙壁上留下当年红军所书的标语。

“下元宵”节

渼陂人每年都要过两次元宵节，一次是农历正月十五，一次是农历二月初一。下元宵节是渼陂最隆重最热闹的节日，全村要举行盛大的“舞龙”“彩擎”等民俗活动。“彩擎”表演是渼陂独有的奇技绝活，村童们按照《西游记》里面的人物，扮演成唐僧、孙悟空、沙和尚等角色，端坐在3米多高、循环转动的木架子上，由数个壮汉抬着游走。

TIPS

地址 位于江西省吉安市东南部富水河畔，升级公路穿村而过，京九铁路相距30公里，距离吉安城30公里，赣江支流富水河南岸。

特产 乌鸡、金橘、狗牯脑是吉安“三宝”。

渼陂人每年都要过两次元宵节，
一次是农历正月十五，一次是农历二月初一

李坑 LIKENG 039

最美理由 /

李坑村四面环山，民居宅院沿溪涧依山而立，粉墙黛瓦，参差错落；小河清澈见底，几座小桥沟通两岸，青石板道纵横交错，营造出迷蒙和空灵的景色，正应了"小桥流水人家"的意境，不愧被称为"江南小周庄"。每逢年3～4月，村边的油菜花盛开，和着小桥流水，是婺源的典型画面，仿佛沉入梦幻一般浪漫，尤其是细雨初停时，油菜花上挂着水珠，色彩最为鲜艳明润。

最美季节 / 每年的3～4月，那时候花朵竞相开放。

最美看点 / 中书桥、大夫第、李知诚故居

最美搜索 / 江西

李坑村四面环山，民居宅院沿溪涧依山而立，粉墙黛瓦，参差错落

李坑古称“理田”，建村于北宋大中祥符三年（1010），至今已有1000年的历史。李坑以李姓聚居为主，据说是唐太宗李世民的后裔。据《李氏宗谱》记载，北宋大中祥符三年（1010），殿中侍御史中丞李贵懋命长子李洞从祁孚溪新田迁于此地。这里是南宋乾道三年（1167）武状元李知诚、宋末抗元名将李芾的故里。

中书桥

徽州现存年份最长的桥，就要算婺源李坑村的中书桥了。建于北宋末年，是座单孔砖拱桥，长4米，宽2.5米，高3米，浅浅的拱弯，短短的几级台阶，青石板的桥面也长满了点点青苔。桥拱与倒影为珠，村中的两条山溪汇集于村中央，这有一个说法，叫作“二龙戏珠”。桥头的申明亭是村人小憩聊天的地方。

大夫第

是清咸丰年间奉直大夫李文进的住所，大门为青石门枋，水磨青砖门面，门上方砌筑有门罩。门阶设三步台阶，名曰“三步金阶”，寓意步步高升，连升三级。大夫第的走马转角楼为水结构建筑，上面四周设有美人靠，周围相通。横梁上有精美的木雕，中间有天井。

TIPS

地址 位于江西省上饶市婺源县东部秋口镇。婺黄（黄山）线公路可达。距婺源县城12公里。

特产 荷包鲤鱼、龙尾砚、江湾雪梨。

贴士 村中另一古建春蔼堂二楼视野很好，适于摄影。

李坑古称“理田”至今已有近千年的历史

李知诚故居

南宋武状元李知诚的书斋，村人称之为“鱼塘屋”。屋内有两棵古树：一为桂花树，位于前院，年代久远，树形庞大，至今每逢秋月，桂花开放，有香飘十里之说；另一棵为紫薇树，在故居后院内，树龄达500余年，却依然繁花似锦。

汪口 WANGKOU 040

最美理由 /
这个有着1100多年历史的古村落至今还留有数百栋民居、宅第，大多为清代建筑；气势宏伟的俞氏宗祠是徽州地区保存最完好的宗祠建筑，被古建筑专家誉为“建筑艺术宝库”。

最美季节 / 四季皆宜
最美看点 / 千年古街、俞氏宗祠、一经堂、懋德堂、大夫第、养源书屋
最美搜索 / 江西

明清时期，这里店铺林立，商贾云集，景象繁华

汪口三面临水，故名“汪口”。古镇始建于北宋大观年间，距今已有900余年历史，以俞姓为主。汪口古为徽州府城陆路经婺源至江西饶州的必经之地。明清时期，这里店铺林立，商贾云集，景象繁华。

千年古街

又称官中和正街，依河岸而建。古街全长600余米，似半弯月亮，铺满青石。全村340余幢古民居，其街面两边就占有150余幢。有裕丰号杂货店、利和布店、同茂糕饼店、

兆记米店、益春堂中药店和大通商行以及油、米等加工作坊，可感昔日之繁华。

俞氏宗祠

号称“江南第一祠”，建于清乾隆九年（1744），宗祠构造十分宏大巍峨，三进院落，主祠堂高达三层。整个祠堂以细腻的木雕工艺见长。在这古老的祠堂中，每年的祭祖仪式仍在进行。祠堂采用的是祭祀中最高级别的“周礼”。

一经堂

这幢清式楼房建于清乾隆年间，为三间两厢，屋内梁、门、槛之木雕精细讲究，古色古香，虽经岁月之沧桑，但现在仍保存完好。主人受古训“人遗子，金满籯（yíng，箱子），我教子，唯一经”之影响，故把自己的厅堂取名“一经堂”，主张不要将钱财留给后人，要给子孙读书成才。

懋德堂

建于清乾隆六十年（1795），是历史上有名的婺源“东门出城第一家”。五进三层楼，圈围北面有一间专供富家小姐居住的绣楼，造型讲究，雕工别致。主人俞理臣祖业殷实，家业富足。“懋德堂”之意，是要教诲其子孙后代，为人处世要施行大德。

大夫第

建于清咸丰年间（1851），是村里一幢正宗的四合大院，庄重气派，石库门上有麒麟图案的雕刻，充分体现出其主人的地位与名气。大夫第是因祖孙三代为官而闻名。

TIPS

地址 位于江西省上饶市婺源县江湾镇西部，于婺源县城沿婺（源）黄（山）线可达。距婺源县城23公里。

特产 糖醋鹅颈、戈阳年糕。

养源书屋

建于清光绪五年（1879），是由敕封奉直大夫、翰林院待诏俞光銮捐资所建的一所蒙馆，是昔日专供孩童读书之场所。

“懋德堂”之意，是要教诲其子孙后代，为人处世要施行大德

江岭 JIANGLING 041

最美理由 /

婺源的春色非常“养眼”，而江岭则是春天婺源的绝美之处：爬上江岭的高处，千亩油菜花田一览无余，金黄色的油菜花肆无忌惮地开放；粉墙黛瓦的徽州民居鳞次栉比，古老村落点缀在广阔的油菜花丛中，成为江岭风光的大背景；山风里更飘荡着淡淡的油菜香，不愧为“中国最美乡村”中田园风光的代表作。

最美季节 / 春秋季节

最美看点 / 油菜花、宋璟公祠堂、高山平湖

最美搜索 / 江西

爬上江岭的高处，千亩油菜花田一览无余，金黄色的油菜花肆无忌惮地开放

江岭南临晓起，东接溪头，地处婺源县最东北。从到达江岭的山间公路向下看，只见盘旋曲折的线条，山谷盆地中的小河，河边聚集的三四个村庄，四周围绕着青山，构成了一幅极美的婺源农村风光画卷。江岭一共有两个村子：内岭和外岭。一般所说的江岭，指的都是外岭，因为外岭观赏油菜花的角度最好。

油菜花

如果没有油菜花，江岭也许只是婺源一个寻常的小镇；但正是因为有了层层梯田上的油菜花，江岭才成为婺源田园风光的代表，一望无际的金黄色的油菜花，点缀了整个婺源。每年3月底到4月初，站在山顶望去，脚下大片的山谷内，梯田如链似带，油菜花层层叠叠，一望无际，中间围拢着几个小小的村落，黑瓦白墙的徽派民居夹杂在一片金黄之间，在婺源再没有比这更壮观而令人惊喜的了。

宋璟公祠堂

江岭村内很小，居民大多姓宋。村中保留了很多土地革命和“文化大革命”期间的标语，非常有意思。值得一提的是村里有一个宋代的宋璟公祠堂，祠堂现在仍然作为宋姓氏族逢年过节祭祀用。祠堂很大，大门上方的砖雕保存得十分完好，祠堂的尽头深处，有木质楼梯通往上面的阁楼，上面有许多破旧的各朝代的牌位，最早竟有唐代的，可见历史之悠久。

TIPS

地址 *位于江西省婺源县最东北，南邻晓起，东接溪头。*

一般所说的江岭，
指的都是外岭，因为外岭观赏油菜花的角度最好

高山平湖

高山平湖其实是一个夹在高山间的水库，这是婺源境内最大的一个水库，距江岭不过六七公里。因是源头水，水质清澈，湖光山色，交相辉映，晴朗的天气，湖水映着蔚蓝的天空，水天一色，加之周围白墙黑瓦的古民居散落其间，形成了一幅幅韵味无穷的水墨画。

庆源 QINGYUAN 042

最美理由 /
庆源是中国最美的农村婺源中最为值得一行的地方，庆源保留了乡村的纯净和安逸，称此地为世外桃源绝不为过。这样一个远山深处的千年古村，时光似乎滞留在某个遥远的年代，走在村中，心会变得很安静，与世无争的感觉油然而生。

最美季节 / 春、夏两季

最美看点 / 风水、小河、凉亭、老宅、银杏古树

最美搜索 / 江西

远山深处的千年古村——江西庆源

庆源又名小桃源，简称小源，建村于唐开元间，有1300多年历史。到庆源实在是件难事。也因为难，所以庆源人以“桃花源里人家”自称。相传古村始祖小八公寻幽探奇来到此地，见高山环抱之下竟有如此开阔地带，遂在此结庐建村。

风水

庆源的地貌极为奇特，狭长的山谷两侧，海拔千米以上的两条山脉对面相峙，“合掌观音”主峰抱合“明镜山”，而“天外来龙”主脉下，天生一座“玉屏岭”。“神龙西至挂屏岭，合掌观音坐镜台”，大有隐仙卧龙的圣境和净

土佛地之灵气。

小河

庆源不大，从庆源的村头走到村尾不过1公里，一条溪流越村而过，其间有16座石板桥相通两岸。村里年长的老乡说，因为全村的宅院的分布为船形，故人们便掘了这条溪水，以应“舟行水上”的古语。

凉亭

村口处有一座凉亭，取名“别有天”。令人称绝的是亭子外面的两句诗，进村的方向写着“桃源深处”，出村的方向写着“山高水长”，进得静世，出得红尘。

老宅

庆源村中的老宅多是硬山墙体，斑驳的粉墙黛瓦固守着四季的草长花开。古村曾出过两个富商，一个是上海照相业巨富詹福熙，他的旧宅在小河边，现在是卫生站，是幢可以眺望小河的花楼。另一个巨富是因中缅公路发家的詹励吾。当年他为母贺65岁大寿，也在河边建了一座更为豪华的大宅。大宅仿南京总统府而建，有汉白玉基石，正门墙壁上还有砖雕108个不同字体的“寿”字。宅院在河边一条不显眼的小巷里，现在由几户农家分住着。昔日豪华的府第已经破旧。

银杏古树

在村尾有一棵银杏古树。据说是雌性，和几十里外的另一棵雄性银杏长相厮守。因为古树已有几百岁，在人们的心中自然多了几分“神”迹，也多了不少传奇和故事。

TIPS

地址 位于江西省婺源县东北部的段莘乡，与安徽黄山市的休宁县五城仅隔一座五龙山，东与浙江开化也只隔一条马金岭。

庆源村中的老宅多是硬山墙体，斑驳的粉墙黛瓦固守着四季的草长花开

岭南风情 Chapter ③

岭南偏居一隅，自古受战争侵扰较少，许多古民居、古村落幸而保存至今。它以其独特的地理位置和主流文化心理，逃脱了兵戎劫难，得到了长期的和平和发展。正因如此，其民居像一个万花筒，折射出由古至今纷繁变幻的世界。

洪坑 HONGKENG 043

最美理由/

洪坑是浓缩的客家土楼博物馆。客家土楼被誉为"世界上独一无二、神话般的山村民居建筑"，以历史悠久、风格独特、规模宏大、结构精巧等特点独立于世界民居建筑艺术之林。游览土楼，看到的不仅仅是精美的建筑，还有正在消退的中国传统文化。

最美季节/四季皆宜

最美看点/振成楼、福裕楼、奎聚楼、如升楼

最美搜索/福建

洪坑是浓缩的客家土楼博物馆

土楼是客家民居独特的建筑形式，土楼大环套小环的结构，密密麻麻的房屋排列和不同房屋的设计让人过目不忘。洪坑自宋末元初林氏在此开基，现存明代建造规模较大的土楼13座，清代建造规模较大的土楼33座。

振成楼

振成楼是永定土楼最壮丽堂皇、最有代表性的一座，号称土楼王子。振成楼建于1912年，占地5000平方米，悬山顶抬梁式

构架，建筑结构很奇特：圆楼外左右有对称的半月形馆相辅，外观建筑恰似一顶封建官吏的乌纱帽，主体以八卦布局，分内外两圈，是楼中有楼的二环楼。楼共有208个房间。第一层做厨房和饭厅，二层做粮仓，三、四层则为卧室。每层楼有房间40间，配4副楼梯，按八卦方位设计，乾巽艮坤卦位为公共场所，分别为后厅、门厅和左右侧门；坎震况离卦方位为住房，各配楼梯，概设门户，户闭自成院落，卦门开连成整体，卦与卦之间设防火隔墙，以拱门相通。

福裕楼

此楼是永定府第式的五凤楼的代表。五凤楼是土楼另一种常见的类型，层层叠叠，高低错落，看起来犹如一片壮观的府第宫殿，内部装饰颇为讲究。福裕楼从1880年开始兴建，耗资十多万银圆，经历三年时间才建成，占地面积7000余平方米。楼主是林仲山、林仁山、林德山三兄弟。福裕楼外观连成一体，内则分为三大单元，分为三兄弟所居。

TIPS

地址 位于福建省永定县湖坑镇东北面的洪坑村。从205国道歙县特种经济林场向东，越过皖赣铁路前行。

奎聚楼

建于1834年，用了近5年时间建成，已有170多年历史，占地6000余平方米，高约15米。这是一座宫殿式结构的方楼，依山而筑，从高处看，整座楼与背后的山脊连成一体，犹如猛虎下山。其建筑特点是前低后高，中厅高两厢低，高低起伏，似乎形成了一种森严的等级。

如升楼

迄今发现的最小的土楼。直径为17米，楼高三层，只开十六间，为内通廊式的单圈圆楼，小巧玲珑，被称为“袖珍土楼”。因为楼小，像客家人昔时用竹筒做成的量米“米升”，所以得名“如升楼”。

土楼是客家人的家

塔下 TAXIA 044

最美理由/

塔下是典型的江南水乡风貌，被喻为“闽南周庄”。两座白云缭绕的青山相对峙，山谷中一条蜿蜒流淌的溪水，小溪上，一座座石板拱桥静静横跨；沿溪两岸，47座形态各异的土楼依山而建，形成了一处蔚为大观的土楼群落，堪称全国之最。

最美季节/夏季

最美看点/裕德楼、德远堂

最美搜索/福建

其实塔下并无塔，只是张氏子孙为了纪念开基祖华太婆从原住地马头背踏下山来到此地，在客家话里，“踏下”与“塔下”谐音，所以就有了后来的这个名字

自明宣德年间，张姓到此开基算起，塔下村已有500多年的历史。其实塔下并无塔，只是张氏子孙为了纪念开基祖华太婆从原住地马头背踏下山来到此地，在客家话里，“踏下”与“塔下”谐音，所以就有了后来的这个名字。一弯精灵般清澈闪亮的溪水呈“S”形悠悠地从山坳中穿过，两头各有一圆形土楼遥相呼应，酷似“八卦太极”，故塔下村又被称为“太极塔下”。

裕德楼

裕德楼是塔下村中最特别的土楼。这座已有200多年历史的圆土楼，背依青山，坐西北向东南，前半楼跟一般土楼没什么不同，令人称奇的是后半楼，有三层楼那么高，却只有一堵半月形的夯土墙，上面盖着护墙瓦，其余什么也没有，人们形象地把它叫作“围裙楼”。

德远堂

沿着几百年前的石板路可以一直走到德远堂，即张氏家庙。德远堂建于明末清初，距今已有400多年的历史。德远堂坐北朝南，祠前围墙外一口半圆形池塘，池塘边上耸立着23根高过10米的石龙旗杆，如一片石林，旗杆高耸入云，庄严肃穆。旗杆上阴镌姓名、世次、功名、年代科次、官衔品级爵位及立石龙旗杆的年代等文字。文官的石龙旗杆顶端饰物多雕毛笔锋，武官则镌坐狮。据考证，这里是目前全国保存最多、最完好的一处石龙旗杆群。这一根根石龙旗杆，是闽西南客家人重视文明教化及传统文化思想的历史见证，也是一道稀世罕见的文化景观。

TIPS

地址 *位于福建省南靖县书洋镇，整个村落处在一个青山环绕的谷地里。*

特产 *笋干、茶叶、柿饼、菜干。*

塔下村的土楼依山傍水

四堡 SIPU 045

最美理由 / 地处闽西偏僻山区的客家小镇四堡曾是明清时期中国华南最重要的出版中心之一，这里保存着最完整的书坊建筑、线装古书和雕版印刷工具，这里是目前世界上唯一幸存的古代雕版印刷基地，这里是出版界屈指可数的全国重点文物保护单位之一。

最美季节 / 四季皆宜

最美看点 / 印房里、雕版印刷陈列馆、四堡女装

最美搜索 / 福建

地处闽西偏僻山区的客家小镇四堡曾是明清时期中国华南最重要的出版中心之一

四堡自明万历年间，从一个寂寂无名的小镇突然变成国内四大雕版印刷基地之一，印书赚回来的银子要用车推回来，银圆多得用斗量。至清代乾隆、嘉庆、道光三代四堡进入鼎盛时期，印坊栉比，书楼林立，世代相传，大书屋至少百家，中小书坊星罗棋布；而到了清末，经历了二三百年繁华的四堡随着雕版印刷的没落再次寂静下来，重新回到了宿命的轨迹。

印房里

穿行在四堡古镇的小巷，两边是一幢幢久经风雨剥蚀的风火屋，这就是用作雕版印

刷的古书坊，现在四堡还有这种被称作“印房里”的遗址百余处。坐落在雾阁村的子仁屋，是四堡目前最大的书坊，在这里印刷的书籍多达近百种，销往南方各地甚至东南亚。子仁屋始建于清嘉庆十四年（1809），为客家典型的“九厅十八井”结构，光落地间就有140间，正厅两边是由木屏墙围成的厢房，厢房前各有走廊通向两边的五排厢房。其中南面的第二排厢房即是当年的印书房，有墨汁调制房、设计室、书写房、印刷室、切纸室、制版胚房、装订房等。第三排为书库。

雕版印刷陈列馆

陈列馆里记录着整个四堡雕版印刷的起源繁荣。除了一些资料图片，陈列馆还有部分保存完好的实物，如装墨水用的黑石槽、边角磨损的雕版、发黄的线装书、贩运用的书箱，以及裁纸、装订工具等。还有人穿着清代的古装示范性地表演印书过程。

四堡女装

这种服装只流行于四堡地区，源自清宫服饰，其典型特点是：龙船髻、蓝布大襟衫、黑裤、裙头刺绣的围裙、缠在脚踝的花边水裤、尖嘴梅花鞋。当然，手腕还不能少了一副竹节银镯……可惜的是，这种服装现在整个四堡就只有几个七八十岁的老人在穿了。

TIPS

地址 位于福建省连城北部省道建文线上，巍峨的鳌峰山脚下，处于连城、长汀、清流、宁化四县边缘。

特产 连城宣纸。

经历了二三百年繁华的四堡随着雕版印刷的没落再次寂静下来，重新回到了宿命的轨迹

培田 PEITIAN 046

最美理由 /

培田是一座拥有800年历史的村落，是目前中国保存较为完整的明清时期客家古民居建筑群，以“九厅十八井”为代表的建筑被称为“辉煌的客家庄园”，堪与永定土楼、梅州围龙屋相媲美，是客家建筑文化经典之作。

最美季节 / 四季皆宜

最美看点 / 大夫第、衍庆堂、官厅、容膝居

最美搜索 / 福建

古代这里是通往汀州府的交通要道

培田古镇面朝笔架山，背靠松毛岭，还有一条河源溪，宛如古代官员缠腰的玉带，绕村而过，按风水学一说，此村风水属上乘。培田先祖遗留下来的30幢大宅，21座祠堂，6处书院，一条千米古街，两座跨街牌坊，4处庵庙道观，迄今犹存，总面积达到7万平方米。“九厅十八井”式建筑是客家人结合北方庭院建筑，适应南方多雨潮湿气候及自然地理特征，采用中轴对称布局，厅与庭院结合构造的大型民居建筑。

大夫第

大夫第又称继述堂，历时11年建成，距

今有160年历史。因主人吴昌同荣膺奉直大夫、昭武大夫之位而得名。大夫第占地6900平方米，是村中面积最大的一座"九厅十八井"式建筑，实际上是18厅24井，共108个房间。据说在最大的福寿门院内，就曾一次摆了120桌酒席，足见其规模宏大。

衍庆堂

为明代建筑，建筑结构与"大夫第"大体相同。门前一对"门当户对"，蕴含男女和合、家业兴旺、万代兴隆之理念。在衍庆堂内，常有培田民间乐队演奏十番乐，铿锵悦耳，韵调无穷。

官厅

官厅因其气派非凡，常为往来官员歇息之地而得名。官厅有6900平方米，九厅十八井，四周围以高墙，门楼高耸，气势恢宏。

容膝居

专为本族妇女创办的学馆。她们从小在这儿接受文化熏陶和女工，以利相夫教子。特殊的是它的一面墙壁上有"可谈风月"四字，说明600多年前的培田思想十分开放。一个"可"字充分表现出培田先祖的开明思想和宽广气度。

TIPS

地址 位于福建省龙岩市连城县宣和乡。319、205国道可达。距连城县城39公里。

特产 八大干：长汀豆腐干、连城地瓜干、永定菜干、上杭萝卜干、武平猪胆干、漳平笋干、新罗米粉干、宁化老鼠干；万应茶；连城白鸭；连城宣纸等。

培田妇女话家常

芷溪 ZHIXI 047

最美理由 / 芷溪民居以古宗祠建筑闻名，自明清以来，芷溪先后建了74座古宗祠，139幢古民居，这些规模宏大的明清时期建筑，被客家研究人士誉为“客家大宅门”。芷溪村的客家居民讲究“千斤门楼四两屋”，渔溪公祠和翠畴公祠就是芷溪古建筑中门楼的代表作。

最美季节 / 四季皆宜

最美看点 / 渔溪公祠、翠畴公祠、闹花灯

最美搜索 / 福建

芷溪村迄今已有600余年历史，是一个客家万人古村落，以黄、杨两姓居多

芷溪村藏在闽西的崇山峻岭之中，因村中溪流两岸长满芷草而得名，迄今已有600余年历史，是一个客家万人古村落，以黄、杨两姓居多。

村中的古建筑除一部分是专门做祭祖祀宗用外，其他都是祠居合一的复合型建筑，普遍采用客家地区“九厅十八井”的结构布局建造，门庐威严，庭院舒畅，雕梁画栋，

飞檐翘角。

渔溪公祠

又称集鳣（zhān，鱼名）堂，建于清康熙末年，是为纪念杨氏先祖渔溪公而建。整幢建筑占地大约5000平方米，设房间101间，现仍聚居渔溪公后裔700余人。大门牌楼上阴刻“南离辉映”四字，每字缺少一笔，为清代地方名士何绍基所书。渔溪公祠的建筑是典型的框架结构，9个厅堂两厢壁板及门扇拆下，俨然像个室内广场，恰可铺设18个天井位置，在这里摆120张八仙桌宴请宾客，晒上99石谷子，都显得绰绰有余。

翠畴公祠

盖因黄翠畴善行义举，获清廷奖掖，清光绪十八年（1892），其子辈为彰显父母一生善行，历时8年才竣工。翠畴公祠以雕塑彩绘工艺精湛而著名。前厅是4根朱红的顶梁大柱；下厅及中门屏风上有精美的梅兰竹菊、福禄寿禧、文房四宝等镂空雕刻；所有梁柱分别雕刻有传说故事图案；大厅内回廊及下厅两壁画有水墨山水；灿烂耀眼的金箔神龛，斑斓的色彩，使整幢房屋洋溢着盈盈喜气，颇具殿堂风韵。

TIPS

地址 位于福建省连城县南部庙前镇。

特产 漾豆腐、大头菜、芋子饺、仙人冻、灯盏糕等。

闹花灯

芷溪花灯源自苏州，保留了古苏州的花灯艺术和锣鼓音乐，300年的花灯之夜不知留下了多少浪漫而美丽的故事。每年正月，芷溪按姓氏轮流出灯，花灯由各自房屋抬出，配以苏州锣鼓和十番乐队，走街入巷，前呼后拥；若是站在高处远远看去，只见花灯首尾相接，形成一道精美的火树长龙，蔚为大观。

早在清朝雍正、乾隆时期，由于吏治清明，境内久经离乱的百姓，稍得休养生息的机会

下梅 XIAMEI 048

最美理由 /

武夷群山环抱中的下梅村，是武夷山世界文化遗产地的组成部分，素有“文史精品古村落”的美称。村中既有巨商的豪宅，也有官宦的府第；既有隐士的别业，也有儒生的学堂书阁。宅门层层，给人以深远的意境。

最美季节 / 四季皆宜

最美看点 / 邹氏大夫第、邹氏家祠、达理巷

最美搜索 / 福建

下梅现仍保留具有清代建筑特色的古民居30多幢

下梅村在梅溪下游，故名。清康熙、乾隆年间，下梅村曾是武夷山的茶市，兴盛一时，相传是晋商乔致庸万里贩茶的起点。下梅现仍保留具有清代建筑特色的古民居30多幢——邹氏祠堂、西水别业、邹氏大夫第、施政堂、陈氏儒学正堂、邹宅闺秀楼、方氏参军第、程氏隐士居等，还有镇国庙、天一井等古建筑。

邹氏大夫第

为清代建筑，是下梅村众多古民居中保存最好的一座。因屋主曾获朝廷诰封“中宪大夫”而得名。该宅第为二厅三进建筑构造，设有厢房、书阁等若干间。有意思的是大厅的天井沿，有一长8米的整块石条，在只有沙砾岩的闽北，如此整块的青石条十分少见。大夫

第的后花园名为“小樊川”，风格古典而流畅，为典型的江南园林造型。内有镜月台、金鱼井、对弈台等建筑。

邹氏家祠

建于清乾隆五十五年（1790），占地200多平方米，为砖木结构。主厅敞开式，两侧为厢房，楼上为观戏台，前廊为精巧木柱拱架，造型别致，气势宏大，照壁为四扇合为一体的本雕刻画门，人物造型、生活场景、乡野风情尽显画中，给人以浓郁的生活情调，显示出当时木雕刻画的高超技艺。那双波造型的风火墙以宏阔的气势耸立其间，与外围隔开了两重天地。

达理巷

位于下梅北街方宅门，紧靠方宅“参军第”。该巷约修建于清乾隆二十年（1755），当时下梅首富邹氏建宅于方宅南面，两户人家后墙紧贴，都无法开后门且互不相让。后方氏在塞外镇守边关阵亡，遂为忠烈门第，邹家念方家有功，常资助银两抚恤。方家感激，遂做出让墙之举。邹家开了后门，依傍方家东边风火墙造巷10余丈，耗银数百两。此巷后被美称为“达理巷”，寓“通情达理”之意。

TIPS

地址 *位于福建省南平市武夷山市武夷镇下梅村境内。沿武夷山至下梅景区公路可达。*

特产 *凤凰蛋、笋饼、笋干、腊肉、武夷山冬笋等。*

武夷群山环抱中的下梅村，是武夷山世界文化遗产地的组成部分，素有“文史精品古村落”的美称

长汀 CHANGTING 049

最美理由 /

长汀和凤凰被并称为中国最美丽的两个山城。来到长汀，最重要的是这三件事：游览年代久远的古迹、瞻仰红军时期的革命旧址、感受古朴的客家文化。

最美季节 / 春秋两季

最美看点 / 古城墙、长汀博物馆（福建苏维埃政府旧址）、双阴塔、汀州文庙

最美搜索 / 福建

城墙沿汀江而筑，自东向西呈弧形

自唐开元二十四年（733）汀州设立，1200多年来，汀州一直是闽西的政治、经济、文化中心。如今汀州古城依旧，穿过河卵石铺砌的古街区，街道纵横交错，店铺密集，仍依稀可见当年古城的繁华，其“阛阓繁阜，不减江浙中州”。

古城墙

长汀古城墙始建于唐，宋、明、清均修缮过。城墙沿汀江而筑，自东向西呈弧形。历经千年风雨，古城墙现仅存1000多米。与城墙一样古老的是迄今保存的几座古城门，分别是朝天门、五通门、惠吉门、广储门、

宝珠门。其中广储门即三元阁，始建于唐，原供奉有文曲星，修葺后更显沧桑古朴；宝珠门始建于明代，但却保存着唐代建筑的风格；朝天门清初毁于兵火，现存为清初重建。

长汀博物馆（福建苏维埃政府旧址）

这里原为龙山书院，明清改为汀州试院，1932年福建省第一次工农兵代表大会在此召开，成立福建省苏维埃政府，省府机关就设于此。现为长汀博物馆。

双阴塔

双阴塔是唐代古井“八卦龙泉”和宋代古井“府学阴塔”的合称。至今井水还清澈甘甜，终年不枯。八卦龙泉位于城区开元寺内，上宽下窄，每层用石板砌成八卦形，和地面的塔恰好相反，犹如一座倒置于地底的八卦塔，故称“阴塔”。府学阴塔位于城区汀州府学内，是一座砖砌的圆形古井，井旁立有石碑，碑上题着“府学阴塔”四个大字。据载，建造双阴塔的目的并不是用于饮食，而在于“以镇文风”，意在盼望汀州多出人才。

TIPS

地址 *位于福建省长汀县地处福建西部、闽赣边界。*

汀州文庙

建于宋绍兴三年（1133），历史上曾是一个庞大的建筑群。现存建筑除主殿之外还有讲学堂、名宦祠、启圣祠、宗圣祠等。

如今汀州古城依旧，街道纵横交错，店铺密集

赤坎 CHIKAN 050

最美理由/
开平碉楼已经成为中国的第35处世界文化遗产，开平赤坎的碉楼有200多座。作为20世纪初最有代表性的岭南旧城镇，这里保留有大量的中西合璧的华侨建筑，整个赤坎镇的建筑既有古典浪漫的西欧风格，又有传统的广式旋律。这是中国乡村绝无仅有的景色。

最美季节/春秋冬季

最美看点/迎龙楼、南楼、家族图书馆、堤西路

最美搜索/广东

这里保留有大量的中西合璧的华侨建筑

赤坎，据传建于清康熙、雍正年间，地处开平的中心地带。潭江穿镇流过，南岸是乡村，北岸是市镇。那些在国外发达起来的华侨，衣锦还乡，将罗马柱、圆拱形窗、浮雕等西式建筑的特征融入中国传统建筑风格而造就了千姿百态的碉楼，从而形成了独特的华侨建筑文化。

迎龙楼

坐落在开平赤坎镇三门里村，为关氏家族在明嘉靖年间所建，是开平现存最早的碉楼。迎龙楼坐西北朝东南，占地面积 152 平方米，建筑面积 456 平方米，砖木结构，楼高 3 层。第一、二层为明代大型红泥砖砌筑，第三层为民国九年（1920）用青砖加建，楼顶为传统硬山顶式，风格拙朴，造型简洁。

南楼

位于开平赤坎镇腾蛟村，扼守潭江水陆两路要道。形势险要，有一夫当关，万夫莫开之势。楼建于 1912 年，高 7 层 19 米，占地面积 29 平方米，钢筋混凝土结构，每层设有长方形枪眼，第六层为瞭望台，设有机枪和探照灯。抗战时期，7 名司徒氏自卫队队员曾在此坚守八天九夜狙击日军，最后被捕遭日军残暴杀害。至今楼身上还留下当年战斗的斑驳弹痕。

家族图书馆

赤坎最有特色的建筑，为镇上两个大家族的图书馆。图书馆一东一西，东边的属于司徒氏，西边的属于关氏。是当时两家为了广开民智，兴办的供子弟学习的家族图书馆。司徒氏图书馆于 1925 年建成，为葡萄牙建筑风格；关氏图书馆于 1931 年落成。

堤西路

潭江边的堤西路西段，百米来长的老街，尽被骑楼占了。在赤坎 600 座骑楼群中，堤西路这片最为壮观，构造也极为讲究。在这里，广东的骑楼与西方的罗马石柱、雕花门楼似乎都找到了最和谐的搭配；而融合着古老和现代气息的小店铺也尽情地点缀着这条走廊，风格各异却显得十分和谐。

TIPS

地址 位于广东省珠江三角洲西南部，开平市中部的潭江之滨，南依百足山，中有潭江贯穿全境。

特产 花生（南乳味的为代表）、腐乳、腐竹、菜干。

整个赤坎镇的建筑既有古典浪漫的西欧风格，又有传统的广式旋律

南社 NANSHE 051

最美理由 /

南社村是广东省最大的古建筑群之一。这里古建筑群与“客家围”“潮汕大屋”有所不同，是以广府建筑风格为主，同时也受潮汕、吴越及西方建筑文化影响，是难得的珠江三角洲明清古村落的典型实例。

最美季节 / 春秋两季

最美看点 / 古寨墙、谢氏大宗祠、百岁翁祠、资政邸、百岁坊

最美搜索 / 广东

南社村是难得的珠江三角洲明清古村落的典型实例

南社村是一座以谢氏家族为主的血缘村落，始建于南宋，距今有800多年的历史。据史料记载，远在南宋时期这里即已立村，原称“南畲”,到了清康熙年间改名为“南社”。古村以中间长形水池为中心，村北的马头山，是风水上的“案山”，水塘两岸民居以外的高埠，则为青龙、白虎，风水格局臻于完备。村中每一民居都单家独户称“家庙”，“家庙”前有自家的水井、麻石小巷。每家的麻石小巷都隔着一条小水道。最具特色的是“家庙”的建筑，多为四柱三间三楼砖石牌坊式建筑，楼为歇山顶，檐下如斗拱，门额上配有雕刻

精美的木雕。

古寨墙

始建于明崇祯十七年（1644）十月，寨墙以夯土或红石做墙基，青砖砌筑谯楼，共有谯楼21座。现寨墙残留数段，谯楼尚存一二。

谢氏大宗祠

坐落于村中水塘中央北岸，坐北朝南，据说这是风水最好的“藏风聚气”、凝天地灵气于此的“明堂”位。祠堂始建于明嘉靖三十四年（1555），工艺精美，体现了广府建筑繁华的风格；而头进建筑屋脊灰塑及封檐板木雕，均精雕细琢，采用歇山屋顶，为东莞地区祠堂少见。

百岁翁祠

三开间三进院落布局，硬山屋顶，始建于明朝，现存明万历二十三年（1595）《百岁翁祠记》碑刻，现存神台基座及碑座红石雕刻具有明代风格。

资政邸

为清光绪二年（1876）进士谢元俊的府邸。现存前后两进厅堂，还保持着当年的高贵气派，两廊的花楣精美绝伦，厅中的垂花门镂刻着花卉群鸟，上面的孔雀尾、凤凰头都凸出木外，栩栩如生。

百岁坊

始建于明万历二十年至二十六年（1592~1598）。当时南社村的谢彦眷夫妻都同时超过100岁，于是朝廷准予建祠，并命名为“百岁坊”。这座祠堂的正面为三间三楼牌坊，坊祠结合的形式，布局奇巧。

TIPS

地址 位于广东省东莞市茶山镇。距东莞市区约18公里，距广州市70公里。

特产 荔枝、龙眼、黑叶、糯米糍。

据史料记载，远在南宋时期这里即已立村，原称“南畬”，到了清康熙年间改名为“南社”

沙湾 SHAWAN 052

最美理由 /
去沙湾，是去寻找历史的足迹。装饰华丽的屋脊、高耸的镬耳屋、坎坷的蚝壳墙，这些典型的广府建筑式样和材料，在沙湾古镇可以随时得到验证；沙湾还是粤剧的发源地，在沙湾转上一圈，足够拉上一个戏班所有的角色。

最美季节 / 四季皆宜

最美看点 / 留耕堂、三稔厅、醒狮、飘色

最美搜索 / 广东

去沙湾，是去寻找历史的足迹

沙湾镇始建于宋代，因地处古海湾半月形的沙滩之畔，故名“沙湾”，已有800年历史。沙湾古镇的总体布局属于广府建筑的梳式布局，即以一条街或一条巷为中轴线，巷子在

街道的两侧，民宅在巷子的两侧，形成一种巷子连巷子、院落套院落的格局。

留耕堂

留耕堂是沙湾何氏宗族的大祠堂，原建于南宋德祐元年（1275），后几毁几建，现时的面貌是于清康熙六十年间（1721）扩建而成的，五进五开，气宇轩昂。留耕堂的墙面是现在非常少见的蚝壳墙。蚝壳墙是岭南建筑中独特而别致的工艺。珠三角一带盛产生蚝，生蚝吃完后遗留下的壳就集中起来当作建筑材料。在建造房屋时，生蚝壳拌上黄泥、红糖、蒸熟的糯米，一层层堆砌起来，不仅具有隔音效果，而且冬暖夏凉，坚固耐用，还能抵挡火炮的进攻。蚝壳墙凹凸不平，阳光斜射在墙面上，极具线条感和雕塑感。

三稔厅

沙湾还是粤剧和广东音乐的发源地，沙湾的三稔厅，对广东音乐发展的影响非常深远。被誉为“广东音乐何氏三杰”的何柳堂、何与年、何少霞，还有被誉为“南音圣手”的陈鉴，经常在三稔厅演奏、切磋技艺，先后创作了大量的优秀曲目。

醒狮

沙湾醒狮颇负盛名。原来这里的村民原籍是佛山的南海，邑人好习武，乐舞狮，村民们把这一传统也带到了沙湾，并使之发扬光大。现拥有20多头醒狮，在原有南派技艺基础上逐步融入北派技艺，成为具有南北派特色的醒狮团。

飘色

飘色是具有100多年历史的一种传统艺术活动，融魔术、杂技、音乐、舞蹈为一体，在不同地区有飘色、抬阁、彩擎、高抬、彩架、扎故事等各种名称。沙湾飘色其神奇之处就在于，两三岁的小演员们通过精心伪装的钢枝凌空而立，利用巧妙的力学原理，营造出“飘”的效果。

TIPS

地址 *位于广东省番禺区中部。*

特产 *姜撞奶、鱼皮角、牛乳饼、鸭腿面、薄饼等。*

贴士 *从留耕堂出来等车的时候，可到车站附近三桂路和中华大道交界处的著名老字号沁芳园吃广东甜品。除了传统的沙湾姜撞奶、双皮奶、红豆沙和各色炖品外，店内还有一种番禺特色甜品，叫“大战”，意思似乎是把各种甜品混在一处吃，可在此开怀大吃。*

大旗头 DAQITOU 053

最美理由 / 大旗头村是华南地区保存最完好、最有代表性的清代民居建筑群落，是研究岭南古建筑的重要历史文物。200多幢形制一致的清代镬耳屋齐齐整整，气势壮观；村中小巷纵横，仿若棋盘。

最美季节 / 四季皆宜

最美看点 / 梳式布局、镬耳屋

最美搜索 / 广东

大旗头村是研究岭南古建筑的重要历史文物

大旗头村又叫郑村，是清光绪兵部尚书衔、广东水师提督郑绍忠（1834 ~ 1896）及家族的故宅。因郑绍忠颇得慈禧太后器重，1894 年当其六十大寿时，慈禧降旨而建。村头的文塔干干净净地立在池塘边，像一支倒立的笔；两棵历经百年的老榕树，枝繁叶茂；塔下有两方石，大者高三尺许，如砚，小者方块状，如印，构成了笔墨纸砚的完整意象。

梳式布局

远观大旗头村，颇为壮观，原来大旗头村所有的民居都是一样的，都是有着镬耳形风火山墙的青砖大瓦房，青黛色屋顶串联起

200多间清代民居。房屋的建筑结构、造型、高矮都很规范化，是粤中地区典型的梳式布局，所以远远看去整齐肃穆，气势不凡。

村中的房屋整齐地排成数列，每列房屋之间是窄窄的青石板小巷，所有住户的院门都是分别向两边开在小巷里。棋盘式的建筑布局既有便利交通，又有防火通道的作用。遇到匪患，门楼上的铁闸一落，整个村就变成了防守坚固的大院。

TIPS

地址 位于广东省佛山市三水区乐平镇。105国道、广（州）三（水）高速公路可达。距佛山市区43公里，距广州市约50公里。

贴士 到大旗头村最好的时间是下午4时以后。傍晚的阳光使曲线优美的镬耳形山墙看上去非常柔和。这时如请看门的老人把村首郑氏宗祠第二道大门打开，金黄色的阳光可以穿过大门、二门一直照射进来。正是谋杀菲林的好去处。

镬耳屋

村中住宅的结构布局基本相同，是三间两廊式样，只是规模大小不同。天井两侧是行廊及厨房，正房三间，中间厅堂由一个木屏风分隔为厅堂和卧房，卧房上为阁楼，放置杂物，木屏风前有简易神龛，供祭祖先。山墙立面开窗少且小，山墙顶为镬耳式风火山墙，镬耳墙的功能主要是防火，是作为风火墙使用的。镬耳墙又称鳌鱼墙，有“独占鳌头”的含义，墙头中央高两边低，两边的双耳象征着古代官帽的两耳，所以从前只有官宦之家才有资格采用这样的建筑形式。随着时代变迁，一些显族大户和商人地主也逐渐采用这种建筑。

镬耳墙又称鳌鱼墙，有“独占鳌头”的含义

阳朔 YANGSHUO　054

最美理由 /
阳朔是漓江边最美的城镇：美丽的漓江，山水风光的精华地段就在阳朔境内；中国驻联合国总部大使馆悬挂的唯一代表中国自然景观的图画，是阳朔风光的“黄布倒影”；中国人民银行1999年发行的20元人民币背景图案，是阳朔的兴坪风光；1960年，轰动东南亚的电影《刘三姐》也是在风光如画的阳朔拍摄的。

最美季节 / 5～10月

最美看点 / 山水、兴坪、遇龙河、西街、《印象·刘三姐》

最美搜索 / 广西

阳朔百里山川，处处奇山秀水

阳朔位于广西东北部，建县始于隋开皇十年。漓江流经于此的63公里河段是漓江风光最精粹的部分，阳朔百里山川，处处奇山秀水，自然景观与人文景观交相辉映，被誉为“天上人间旅游乡”。

山水

阳朔最精华的当然是山水风光了。早有公论：桂林山水甲天下，阳朔山水甲桂林。阳朔境内挺拔俊秀的奇峰2万多座，蜿蜒于万山丛中的河流达数十条，构成了秀美的山水画卷，为桂林山水的精华。从阳朔的兴坪到杨堤一段是漓江最精华的风光，20 元人民币背面的那幅画就是这里。

兴坪

兴坪镇位于阳朔东北部，漓江在此绕了一个大弯。此地依山傍水，风景荟萃，粉墙乌瓦石板小巷。1998 年 7 月，时任美国总统的克林顿还曾到此访问。

遇龙河

遇龙河素有“小漓江”之称，广西第一古桥——仙桂桥，广西最大的单孔石桥——遇龙桥，阳朔最圆的单孔石桥——富里桥，都在遇龙河。遇龙河素不通航，因此这里是幽静的，坐在竹筏上漂流而下，河岸两侧翠竹葱郁，田野开阔。

西街

西街是阳朔小镇的精魂，这条并不太长的步行街，早已是远近闻名的“洋人街”。西街有酒吧、咖啡馆、餐馆、画室、工艺品店，亦有时装商店，热热闹闹地站在山的脚下迎来送往。最张扬的是酒吧和咖啡馆，小小的四方木桌，桌面上平铺着蓝白相间的蜡染布，那些悠闲的人往往会在桌边沉溺一个下午，度过一段温馨的散淡时光。入夜后，这里灯红酒绿，把西街的夜空染得灿烂。

TIPS

地址 位于广西桂林市阳朔县城中心。桂阳公路直达。距桂林市区66公里。

特产 阳朔画扇。

《印象·刘三姐》

由张艺谋导演，号称世界上最大的山水实景剧场，传唱最久远的民族山歌，史无前例的桂林漓江风情巨献。演出地点是一处群山围拢的半圆形水面，看台在岸边枕水而建，可容纳 3000 人。演出时光影的运用出神入化。

一只木筏、两岸碧水、蓑笠翁与鸬鹚鸟，构成了一幅自然和谐画卷

黄姚 HUANGYAO 055

最美理由 /

“南有黄姚、北有平遥、东有周庄、西有凤凰”，曾有专家这样评价中国四大古镇。黄姚镇内的建筑按九宫八卦阵势布局，属岭南建筑风格，曲折的石板小巷幽深宁静，赋予古镇一种有序与无序和谐统一的美感，难怪有“小桂林”的美称。

最美季节 / 9月下旬～11月上旬

最美看点 / 石板街、宝珠观、古戏台、仙人古井、祭河神

最美搜索 / 广西

整个黄姚镇按九宫八卦排布，防御功能很强

黄姚是有着近千年历史的古镇，发祥于宋朝年间，兴建于明万历年间，鼎盛于清乾隆年间。由于镇上以黄、姚两姓居多，故名“黄姚”。

整个黄姚镇按九宫八卦排布，防御功能很强。全镇有4个城门和7个闸门，城门楼壁上有观察孔、枪孔，门楼有活门，有匪敌来侵时便落门阻挡。镇上的老街如迷宫一般，有的老屋下面还设计成箭窗样式，外窄内宽，以方便向外投射利器，起到了很好的防备作用。

石板街

黄姚古镇有8条石板街，全部用青灰色的石板铺砌而成。最早铺砌于清顺治年间，工匠用开山采来的巨大石料凿成方方正正的石板，石板之间没有任何黏合物，全靠准确的尺寸将其牢牢地并接在一起。

宝珠观

始建于明嘉靖三年，清乾隆九年和光绪廿年两度修建分上下两殿，都是雕梁画栋，

石刻石柱，琉璃瓦盖。

古戏台

戏台始建于明万历初年，至今已400多年，是桂东地区仅存的几座古戏台之一。戏台上的匾额颇有意趣——“可以兴”。这三字出自《论语》，寓意黄姚歌舞升平，兴旺繁华。每年农历三月初三日是古镇的重要节日——过火节，会在古戏台唱大戏。

仙人古井

井其实有五口，按地势区分了不同的功用。泉水从左下方涌出，因此左下方第一口井是饮用水；按地势流到第二口井中，是用来淘米洗菜的；再流经右边的三口方井，则是村民们洗衣的地方。

TIPS

地址 位于广西贺州市昭平县城东北部60公里处。

特产 山楂、梨、柿子、金丝柿饼、柿子煎饼、桑皮纸、豆豉宴、黄姚豆腐、黄姚豆豉、野山菊、黄精、九制话梅。

祭河神

每年农历七月十四、十五两日，黄姚的居民都在姚江上举行放柚子灯祭河神的传统活动，以此祈愿家人平安、风调雨顺。新采摘的柚子里插上蜡烛组成的河灯，七八个青年在水中用手轻轻领着灯头顺流而下，有时长达六七丈，在皎洁的月光下，把古镇姚江点缀成一条婀娜多姿的璀璨金龙。

黄姚镇内的建筑按九宫八卦阵势布局，属岭南建筑风格

兴安 XINGAN 056

最美理由 / 兴安古镇因秦朝著名的水利工程，同时也是世界上最古老的人工运河之一——灵渠而著名，俗称“北有长城，南有灵渠”。整个古城被灵渠之水环绕，街中所有建筑一墙一瓦均是秦风古韵，古朴的建筑处处渗透着秦朝威武的气息。

最美季节 / 4月中旬～10月

最美看点 / 古灵渠、水街、古桥

最美搜索 / 广西

兴安是历史上广西境内最早列入中央政府统一建制的县份之一，是历史悠久的文化古城

兴安位于广西的东北部，地处“湘桂走廊”要冲，是湘江、漓江的主要发源地。由秦始皇下令开凿的世界上第一条运河——灵渠就在县城境内。自灵渠开凿后，兴安便成为南北交通要冲，秦人筑城护渠，派吏治辖，是历史上广西境内最早列入中央政府统一建

制的县份之一，是历史悠久的文化古城。

古灵渠

灵渠的建造始于公元前214年，长33公里，是中国历史上的第一条运河。这条古朴的、没有经过刻意修饰的千年老渠，流经了2000多年，清流依然潺潺，垂柳依然幽幽，还发挥着灌溉的功用。

水街

古灵渠流经兴安县城长约1公里的街市便是古镇水街，过去这里是兴安古城商贾云集之地。“秦文流觞”是兴安古城北门的所在地，也是水街的入口。水街两边的建筑依形取势，鳞次栉比，均为青瓦白墙，木雕花门窗。湖广会馆面前的砖雕照壁，是兴安水街的“镇街之宝”，是我国目前规模最大也是唯一双面人物陶塑砖雕的照壁。

古桥

古桥是千年历史留给水街的痕迹。水街现在还留有十余座古桥，其中最出名的一座叫高阳桥，建于清雍正年间，为双拱桥，桥上建有一廊屋，共有五间，双坡屋顶，正脊中部有一宝瓶，寓意为祈求平安、天赐洪福。西面有一观景台，正好观赏水街景致。马嘶桥传说为汉伏波将军马援所建，双女井溪在此处与灵渠相交，形成了三桥跨两水的奇观，堪称世界上独一无二的“水立交”。接龙桥始建于宋太宗太平兴国元年（976），是目前广西最古老的石拱桥之一。据说，是一位名叫怀丙的和尚捐修的。他一改古法将桥的重心放在渠的西面，桥东修有九级石台阶上桥，而桥西则不留一级石级，成就了接龙桥的千古之谜。

TIPS

地址 *位于广西东北部的湘桂走廊。*

特产 *白果、柑橘、毛竹、茶叶、香菇。*

街中所有建筑一墙一瓦均是秦风古韵，古朴的建筑处处渗透着秦朝威武的气息

龙脊 LONGJI 057

最美理由 /

梯田在南方并不少见，但像龙脊梯田这样气势如虹、震撼人心的，实属罕见。龙胜县和平乡龙脊村的龙脊梯田集壮丽与秀美于一身，有“世界梯田之冠”的美称，凡有泥土的地方，都开辟了梯田。那些飘散在田块之间的田埂，构成如此妩媚的曲线世界和一曲大地的乐章。

最美季节 / 四季皆宜，4月看水满田畴，9月看层层铺金景色。

最美看点 / 平安壮寨、金坑瑶寨

最美搜索 / 广西

凡有泥土的地方，都开辟了梯田。那些飘散在田块之间的田埂，构成如此妩媚的曲线世界和一曲大地的乐章

著名的龙脊梯田始建于元代，完工于清初，至今已有650多年历史。龙脊梯田景区主要分为平安壮寨梯田和金坑瑶寨梯田两处。梯田建于龙脊山之上，海拔最高880米，坡度大多为26° ~35° ，最大坡度达50° 。一层层从山脚盘绕到山顶，层层叠叠，高低错落；其线条行云流水，其规模磅礴壮观。为适应地形条件，每块田均开垦得小巧玲珑，最大

的田不过一亩。

平安壮寨

相传这里的壮族居民是宋末为避战乱，自山东的海边迁徙定居于此的。为表示对大海的怀念，他们的头饰至今还保留着蓝白相间的飘带，与其他壮族人服饰略有不同。

“七星伴月”和“九龙五虎”是平安梯田的两大著名景观：“七星”指7个小山包，“月亮”指山顶那块银光闪闪的水田。远远望去像7颗星星陪伴着那块圆圆的月亮田。“九龙”指龙脊主脉在这里分出来的9条小山梁，“五虎”指这里5个略微凸起的小山头，这里是观看龙脊梯田的最佳位置。

金坑瑶寨

金坑瑶寨由大寨、田头、壮界、新寨、小寨五个寨子组成，大寨村是最大的一个。大寨村有400多人，都是红瑶。红瑶是瑶族的一支，因妇女外衣花纹图案以粉红色为主而得名。红瑶女子有蓄发的传统，从儿时就开始蓄发，头发长到一定的长度剪掉后留起来，等结婚生孩子后再将头上的长发和珍藏的长发一起盘起来。长发散开的时候都可以拖到地上。

与平安梯田不同，它呈现出来的是一种粗犷的美，令人震撼。梯田整齐有序，长长的曲线和波浪线极富动态美。金坑梯田景区内有“双龙抢宝”“双狮跳杠”“千层天梯”“金佛顶”和“西山韶乐”5个景观，构成梦幻龙脊上另一个远离世俗的洞天福地。

TIPS

地址 位于广西壮族自治区东北部、桂林市西北部，东临兴安、资源，南接灵川、临桂，西与融安、三江为邻，北毗湖南城步，西北与湖南通道接壤。

特产 龙胜柑、南山苹果梨、龙脊茶叶、香菇、茶油、蕨菜、薏米、八珍杨梅。

贴士 1.龙脊村的梯田四季都很美，每年农历四月十五以后梯田开始放水，持续半个月；还有就是每年中秋以后的半个月，梯田层层铺金，景色尤其绚丽壮观。龙脊的雪景也很棒，但是下雪的时间不定，看运气了。
2.号称华南最好的温泉——龙胜矮岭温泉距此地很近，位于距龙胜县城32公里的森林区里，沉浸在暖暖的泉水中，四周是苍郁的青山，仿佛置身于世外桃源。可以一线游览。

梯田一层层从山脚盘绕到山顶，层层叠叠，高低错落

湘黔地带 Chapter 4

一座座不高的锥形山峰绿意浓浓，山峰沟谷之间，是大片的坡地，蜿蜒曲折的河流，山坡上是随坡就势修建的梯田，田间农作物色彩纷呈，田边有各种少数民族吊脚楼，古色古香，构成一幅幅立体画面。

肇兴 ZHAOXING 058

最美理由 /

肇兴侗寨是黔东南侗族地区最大的侗族村庄，号称“侗乡第一寨”。肇兴的鼓楼最为著名，五座鼓楼其外观、高低、大小、风格各异，蔚为大观。在全国侗寨中绝无仅有，被誉为“鼓楼之乡”。

最美季节 / 四季皆宜

最美看点 / 鼓楼、风雨桥、侗族服饰、侗族大歌

最美搜索 / 贵州

肇兴侗寨是黔东南侗族地区最大的侗族村庄，号称“侗乡第一寨”

肇兴坐落在群山环抱的山间坝子中，清澈的肇兴河穿寨而过。肇兴共有5家房族（支系），也就形成了5个寨子，当地人称之为“团”，分为“仁”“义”“礼”“智”“信”5团，5座村寨难分彼此地团结在一起，在气势上颇为壮观。

鼓楼

鼓楼是侗族地区特有的一种公共建筑物，是侗寨的标志，也是侗家人集会和娱乐的场所。鼓楼全是木楼，不用一根铁钉，层层叠叠数十层，被中外建筑专家誉为“罕见的民间建筑艺术”。鼓楼共有16根柱子，最里层4根，为主要支柱；外围12根，是骨架。据侗学家解释，4根大柱代表四季，12根稍小的，代表12个月。肇兴侗寨共有5座鼓楼，以智寨鼓楼最为美观。

风雨桥

有鼓楼的地方就有风雨桥，站在桥上就可以看到戏台。肇兴是名副其实的“五楼五桥五戏台”。风雨桥因桥上建有长廊式、可遮蔽风雨的桥屋而得名。桥梁为木结构，材质全是千年古树，木质坚韧。桥两边还各有长凳，供人们休憩。

侗族服饰

侗族的民族服装更是令人叹为观止。侗衣所用的侗布，先用棉花纺成线后用织布机手工制成，再浸染成青色或深紫色，晾干后叠在一起，用木槌反复捶打半个多月，把棉花里面的油脂捶击到布的表面，布料就会闪闪发亮，硬而挺括。

TIPS

地址 位于贵州省黔东南州黎平县城南68公里。

特产 箐实、裹蒸粽、草席、剑花。

风雨桥因桥上建有长廊式、可遮蔽风雨的桥屋而得名

侗族大歌

侗族大歌是一种侗族多声部、无伴奏的民间合唱音乐。它不用伴奏，全凭人的嗓音，模拟自然界的声音，时而高亢激越，时而婉转悠扬，高、中、低多声部搭配融合，别具特色。

青岩 QINGYAN 059

最美理由 /

青岩古镇是《寻枪》的拍摄地。古镇依山而建，精致蜿蜒。交错密布于镇内的明清古建筑，计有九寺、八庙、五阁、三洞、二祠、一宫、一院等共37处；风景中还有古老的寺庙、道观、天主教堂和基督教堂，在中国的古镇中已很难再有这样的“四教合一”的风景了。

最美季节 / 春夏秋

最美看点 / 赵状元府第、牌坊、四教同存

最美搜索 / 贵州

青岩原为土城，经多次整修扩建，由土城而渐成石城

青岩古镇历史悠久，自明洪武十一年（1378）设青岩堡至今，已有600多年，比贵州建省还要早22年。城南还留有建于清代的定广门。城门左右是逶迤的城墙，上筑敌楼、垛口、炮台。青岩原为土城，经多次整修扩建，由土城而渐成石城。城墙全部用方块巨石筑就，一派青灰苍黑之色。青岩依山傍岭，城门城墙用石头建造而成也就顺理成章了。其实贵州多岩层，就是小巷人家的外墙也很多用层岩做成，很有质感。

TIPS

地址 位于贵州省贵阳市花溪区南部。贵阳市有高等级公路可直达景区。距贵阳市区29公里。

特产 刺梨糯米酒、双花醋、玫瑰糖、苦丁茶。

赵状元府第

1886年，赵以柄成为贵州第一位文状元，赵以柄在家中排行第二，除其自己高中状元外，他的大哥和老四均中进士，老三中经魁（单科状元）。一门四子均学有所成，成栋梁之材，赵氏声名远播。在状元府的陈列室里，陈列着一文一武两套清代官服。

牌坊

古镇原建有8座石牌坊，现在仅存3座，分别为北门外的“赵彩章百岁坊”、定门外的“周王氏媳妇刘氏节孝坊”、南门内的“赵理伦百岁坊”。其中赵理伦百岁坊牌坊上的8只石狮子尾巴朝上、头朝下，称下山狮，呈前后左右对称。其中中间两对为雄狮，旁边两对为雌狮，雄狮戏宝，雌狮护崽，雕工精美栩栩如生，是青岩的石雕艺术精品。

四教同存

青岩还是个四教同存之地。1573～1946年，佛教、道教、天主教、基督教新教相继传入青岩，而相安无事，形成独特的风情。天主教是一栋哥特式的小洋楼；万寿宫建于清初，其戏楼中的木雕精美绝伦，其中一组高浮雕人物图案最为著名；青岩的佛教寺庙，如慈云寺的石雕、寿佛寺的木雕艺术均为贵阳市仅见的精品；基督教堂则是历史上青岩教案的遗址。

青岩依山傍岭，城门城墙用石头建造成也就顺理成章了

岜沙 BASHA 060

最美理由 /

岜沙苗寨是苗寨中最令人难忘的一个，由于长期处于封闭的环境之中，它们是最不受现代文明感染的苗族分支。岜沙继承了千年的苗寨风俗，岜沙男人至今仍固执地盘着发髻；这里是最后的枪手部落；这里是蚩尤的后裔；这里的人还保留着树葬的风俗……

最美季节 / 春、夏、秋

最美看点 / 岜沙服饰、芦笙大赛、自然崇拜

最美搜索 / 贵州

这里是最后的枪手部落；这里是蚩尤的后裔；这里的人还保留着树葬的风俗

传说4000多年前，苗族的祖先蚩尤战败，率部从黄河下游向西辗转迁徙，其中的一支来到岜沙，从此定居下来。岜沙全寨共400余户，仅有十来户汉人，其余均为苗族，以“滚”为大姓，据说是当年被汉族赶来这穷乡僻壤时的祖先耻于战败的事实，愤然改姓以励子孙之志。岜沙男人以尚武为荣，平日里猎枪从不离身，枪法如神，爬山上树如履平地。

岜沙服饰

岜沙最为外界津津乐道的就是这里男子的装扮：光溜溜的头上只中央挽着一个发髻，据说这种古老的发式已经流行了数千年；一

身土法染制的青布衣，宽大的直筒青布裤，赤着脚；随身则佩带着火枪和腰刀——这里的男子分明还保留着祖先的骁勇和剽悍——整个造型就像是古代部落武士。岜沙的女子衣饰花色不多，以方块和线条为主要装饰，并以黑色为主色调，配以百褶短裙——无论男女，身上的每一片衣物都是她们自己亲手织就的。

芦笙大赛

岜沙苗寨的芦笙堂在寨子后山的山顶，参天大树围成一块圆形的平地，落叶遍地，光影斑驳。每逢节日或重大事件，全寨便在此集中。岜沙每三年会举行芦笙大赛。芦笙的音调单一，但声音低沉而洪亮，几十支芦笙一起合奏，如同一具大管风琴。比赛结束后，一桶桶米酒端上来，场面就演变成了全村的狂欢。

自然崇拜

岜沙人的自然崇拜观念浓厚，他们崇拜古树和太阳。“岜沙”在苗语中的意思就是草木繁多的地方。假如遇到人畜不安、生活不顺或天灾人祸，岜沙人都要到村头的大树下烧香祈祷。岜沙人对树的崇拜还体现在神秘的树葬上。寨里每逢添丁增口，都会栽上一棵幼树，让它伴随着孩子的成长；而一旦这个人死亡后就将这棵树砍掉，并在他的坟上再栽上一棵树，这样生命就将以另外一种方式来延续了。

TIPS

地址 位于贵州省东南部黔东南苗族自治州从江县内。

特产 从江柑、香糯、香菇、蜜柚、黄柏、蕨菜。

岜沙的女子衣饰花色不多，以方块和线条为主要装饰，并以黑色为主色调，配以百褶短裙

镇远 ZHENYUAN 061

最美理由 /
长期以来，中原文化、地方民族文化、域外各国文化在这里相互渗透、交融，形成了独特包容性文化。

最美季节 / 夏季
最美看点 / 舞阳河、青龙洞、古民居
最美搜索 / 贵州

镇远江南与山的的完美结合，古民居既有江南庭院的风貌，又有山地建筑的布局

镇远是座历史悠久的苗乡古城，位于舞阳河畔，四周皆山。城内舞阳河自西向东呈“S”型蜿蜒贯通全城，形成了“九山抱一水，一水分两城”、山水城浑然一体、天人合一的独特的太极图古城风貌。

长期以来，中原文化、地方民族文化、域外各国文化在这里相互渗透、交融，形成了独特的包容性文化，有“传统文化迷宫”之称。镇远民族风情淳朴，各族人民至今保持着质朴、淳厚的文化传统和生活习俗。民族节日有侗族三月三节、苗族三月爬坡节、吃姊妹饭节、端午节、六月六、牛王节、吃新节、土家族的唢呐节等，民族歌舞有飞歌、风俗歌、游方歌、芦笙舞、鼓舞、侗族玩山歌、河边歌、好事歌、酒歌、伴嫁歌。源自明代的端阳龙舟文化节，以舞阳河为赛场，极具盛况，久负盛名。

舞阳河

舞阳河风景名胜区位于黔东南的北部。沿岸有西峡瀑布、群虎啸滩、罗汉观涛、珍珠洞、三叠瀑布、孔雀开屏、玉壶潭、一线天、诸葛洞等394个景点。高峡平湖、瀑泉飞流、喀斯特为主体；山色水韵风光迷人。

醉翁山庄

位于国家级风景名胜区舞阳河畔，山庄内的亭台楼阁溶汇西方现代建筑、中国古代皇宫以及贵州侗苗民族的建筑风格于一炉，可谓匠心独运，自成一体；山庄内林木郁郁葱葱，百鸟争鸣，绿水环绕嶙峋奇石而下，荷池内鱼翔浅底更是另一番洞天。

青龙洞

青龙洞古建筑群始建于明洪武二十一年（1388），共有单体建筑40座。它由青龙洞、中元洞、紫阳洞、万寿宫、香炉岩、祝圣桥等多组建筑物组成，布局奇巧、工艺精堪。青龙洞背靠青山，面临绿水，贴壁临空，五步一楼，十步一阁，翘翼飞檐、雕梁画栋。这些古建筑依山因地，与悬崖、古木、藤萝、岩畔、溶洞天然合成，融为一体，真是巧夺天工。既有临江远眺的吊脚楼，也有恬静幽邃的寺院禅台，有朗朗书声的学子院，更有锣鼓喧天的戏台，集天下山水楼阁荟萃为一方。

TIPS

地址 位于贵州省东部武陵山区。

特产 金堡米酒、古城红酸汤。

镇远古镇是“山雄水美”之地

隆里 LONGLI 062

最美理由/

在苗族和侗族聚居的大山中，有一座具有明清江南建筑风格的隆里古镇，城中建筑整齐和谐，保存完好，是我国南方高原保存最好的古城之一。这座富有军事意义的屯堡建构，用凝固的姿势展现了汉民族的源远流长，已被挪威王国作为贵州建立的四个生态博物馆之一。

最美季节/四季皆宜

最美看点/隆里古城、陶家大院、花脸龙

最美搜索/贵州

这座富有军事意义的屯堡建构，用凝固的姿势展现了汉民族的源远流长

隆里谓“隆盛之理所”，是座已有600余年历史的军事古城堡。隆里位于一片开阔的山间盆地间，四周群山环抱，历来为兵家必争之地。明洪武十八年(1385)在此设千户所，

并在原来城阁的基础上，加以改造成颇具规模的军事基地，即隆里古城。现在隆里古城的居民，多为明代时屯军的后裔。唐朝诗人王昌龄曾贬谪于此地。

隆里古城

隆里古城始建于明洪武十九年（1386），城中的各条道路关口要隘、城墙、瞭望楼，均系古代军事布局。古城墙是用卵石框边筑成的土埂，周长1500米，高4米，宽3米。城墙上四个城门还有迹可寻，而且颇为讲究：东门是财门，南门是喜门，西门是水门，北门是鬼门。走进城中，这里的街道有着与众不同的一个特点，就是每一个街口都是“丁”字形的，代表着人丁兴旺。

陶家大院

是古城中最有代表性和保存最完好的古民居建筑，位于古城东北角。陶家大院建于清嘉庆年间，为三间搭两厢型建筑，四周围高封火墙，天井是青石板铺成，一侧放着青石板做的太平缸，雕蟠凿龙，十分精美。天井旁的厢房高悬一大匾，上题“广厦华居”大字。堂屋里的雕花木窗雕工精细，四方桌是上等的红木，两旁的椅子是狮脚龙凤椅。

花脸龙

许多地方有舞龙的活动，但隆里舞的龙特别带劲儿。每年正月十五开始“花脸龙”的庆春传统活动。舞龙的人要“开花脸”（像京剧的花脸），扛龙尾的人是“花脸龙”的主角，这位打扮滑稽的丑角，把街边上的稀泥或者是用糍粑裹着地上的脏水往观看者的脸上、身上抹，一副狂放不羁之相，于是人们呼叫着四处躲避；不过据说被抹的人会有一年好的运气，所以人们心里都是很高兴的。

TIPS

地址 位于贵州省黔东南锦屏县西南部。
特产 重阳酒、米花、炒米、麻叶。

现在隆里古城的居民，多为明代时屯军的后裔

朗德上寨 LANGDESHANGZHAI 063

最美理由 / 黔东南是中国最大的苗族聚居区，而保存最完好、最有特色的苗族古村寨就是雷山的朗德上寨了，这里还是全国第一个民俗风情村寨游览地。热情的迎客仪式和盛大的芦笙舞、铜鼓舞、板凳舞等苗族歌舞表演，这些鲜活的民族传统文化，带来了别样的风情。

最美季节 / 朗德上寨每年农历三月马日，雷山、凯里、麻江、丹寨四县交界的苗族男女青年，在此举行爬坡活动，对歌，赛马，盛极时达万余人

最美看点 / 拦门酒、吊脚楼、苗族服饰

最美搜索 / 贵州

这里还是全国第一个民俗风情村寨游览地

朗德上寨始建于明初，全寨有118户500多人，全部是苗族。寨子四面群山环绕，有5条花街路通向寨中。东、西、北面置有木柱瓦顶寨门。寨中道路、院坝及各户门庭，都用鹅卵石或青石镶砌铺就。寨中有两个铜鼓、芦笙场。场子模仿古代铜鼓太阳纹的图案，以青褐色鹅卵石和料石铺砌成12道光芒，朝着12个方向伸展。铜鼓、芦笙场的两头，用鹅卵石镶嵌成两匹飞奔的骏马。

拦门酒

拦门酒是苗家最有特色的待客习俗，每逢贵宾来访，全寨的苗族青年男女都身着节

日的盛装出迎，唱起敬酒歌，向客人敬献醇香的美酒；拦路少则三道，多达十二道。如此一路想进寨者，非“海量”莫能。不过不会饮酒的客人也不必担心，只要双手背在身后，弯腰用唇轻触酒杯即离，并有礼貌地说一声“兜社莫”（苗语“谢谢你”）就可以“过关”了。

吊脚楼

寨子是依山而建，房屋是木结构的吊脚楼，都有百年以上的历史，错落有致地散落着。吊脚楼一般分两或三层，上层住人，下层圈养牲畜或堆放杂物。吊脚楼采用穿斗式结构，每排房柱 5～7 根不等，柱子之间用瓜柱或枋穿连，组成牢固的结构。中柱一定要用枫木，因为枫树是苗族的生命图腾树，是象征祖先灵魂的圣树。

苗族服饰

朗德上寨是欣赏苗族服饰的好地方。虽然都是苗族服饰，但支系与支系、寨与寨之间也有区别。服装的主要色调不尽一致，妇女的裙样也有长裙和短裙之分。朗德上寨内的苗族服饰就以长裙为特征，所以又称为“长裙苗”。此外，苗族服饰还能反映当地历史和风俗，如江水状纹的刺绣图案象征着苗族祖先所居之地，而交错纹代表田埂，花点代表谷穗，不同身份和年龄的人，服饰的图案也不同。

TIPS

地址 位于黔东南苗族侗族自治州雷山县城西北部朗德镇。由203国道转旅游公路可达。距雷山县城15公里，距凯里市29公里。

贴士 在寨子中央的铜鼓坪，经常会上演精彩的歌舞表演。

朗德上寨是欣赏苗族服饰的好地方

西江 XIJIANG 064

最美理由 /

西江苗寨中，1285户苗家的木质吊脚楼依山而建，层层相叠，以一种遗世独立的姿态盘卧在崇山峻岭之间。这里被誉为"苗族民族文化艺术馆"，远近闻名、制作精美的西江银饰，还有热闹非凡的芦笙节、与众不同的鼓藏节，都堪称研究苗族历史、文化的"活化石"。

最美季节 / 每年农历的六月中旬过吃新节、一月中旬过苗年，13年一次的鼓藏节最为隆重。

最美看点 / 吊脚楼、西江银饰、芦笙节、鼓藏节

最美搜索 / 贵州

木质吊脚楼依山而建，层层相叠

苗疆绵延千里，村寨难计其数，唯独西江号称“千户苗寨”，聚居在此的苗家有1000多户，人口逾6000人，是名副其实的千户寨，也是中国最大的苗寨。苗族人提起西江，都不无尊敬地称其为“西江大寨”。

TIPS

地址 位于贵州省雷山县城东北部36公里，距州府81公里，清澈的白水河穿寨而过。由西往东流经肇庆全境，然后从新会市的崖门流入南海。

吊脚楼

外人来到西江，尚未进到寨内，就无不为其巨大的规模与恢宏的气势所震撼：与其说这是个村寨，不如说是一片由吊脚木楼组成的森林，用枫木搭成的吊脚楼依着山势向两边展开，十分壮观；吊脚楼之间由小青石铺砌的小道连接，整座苗寨天然地形成一对偌大的铆，为山区坡地房屋建筑的典范，被建筑界赞为“民族建筑之瑰宝”。

西江银饰

西江男人有两项绝活儿，一是修建房屋，二是铸造银饰。众所周知，苗族妇女喜好银饰装扮，全身上下佩戴起来，重量可达十七八斤。但这精美的银饰却是由男人铸造的。西江的乌高、白高、乌杀、麻料等村，均为有名的“银匠村”，他们的铸银技艺都是世代相传的。

芦笙节

西江被誉为“芦笙的故乡”。农历六月“吃新节”、十月苗年“芦笙节”，男女老少都要齐集芦笙场，随着芦笙起舞。去西江看一次苗寨过“芦笙节”，是可以大饱眼福的。芦笙场上，青年后生们把芦笙吹得清脆悦耳，而未出嫁的青年女子，则从头到脚穿戴好家人准备了好多年的盛装与银饰，一个个光彩夺目，风姿绰约。

鼓藏节

鼓藏节实质上就是祭祖节。苗家人认为鼓代表祖先，祖先的灵魂都在鼓里，所以他们的鼓是要放在一般人不易到达的神秘的山洞里的；鼓藏实际的意思就是藏鼓，吃鼓藏，就是把鼓，即祖先的灵魂请出来过节。祭祖是黔东南苗族最隆重、最盛大的传统活动之一。

与其说这是个村寨，不如说是一片由吊脚木楼组成的森林

凤凰 FENGHUANG 065

最美理由 / 凤凰古城一句“为了你，这座古城已等了千年”的宣传语夺人心魄，许多人正是由此开始了对古城的无限遐想和期待。凤凰的美丽，不只是300年的古城气质，不只是一条悄然地流淌的沱江河河畔错落有致的吊脚楼群，也不只是令人眼花缭乱的精美的民间工艺，更有积淀千载的人文色彩。

最美季节 / 春秋季节

最美看点 / 古城、沱江、虹桥、沈从文故居及墓地、民间艺术、南方长城

最美搜索 / 湖南

老城区历经300年风雨沧桑，古貌犹存，红色砂岩砌成的城墙伫立在岸边

凤凰古城地处三省边陲，自古便是“黔楚咽喉”、战略要地，历代统治者一直将其列为边陲重镇。凤凰原名镇竿，由镇溪与竿溪得名。

古城

凤凰古城建于清康熙四十三年（1704）。老城区历经300年风雨沧桑，古貌犹存，红色砂岩砌成的城墙伫立在岸边，南华山衬着

古老的东门和北门古城楼，碧玉般的沱江沿着古老的城墙蜿蜒而平静地流淌。走进小城，皆是狭窄而悠长的巷子。

沱江

沱江是凤凰的母亲河，河水依着城墙缓缓流淌。要看凤凰最温柔妩媚的一面，便是撑一支长篙，泛舟在沱江上。

虹桥

虹桥横贯沱江下游水面，始建于清康熙九年（1670），因建桥时所用岩石均为朱红色砂石，桥建成后宛如彩虹卧江，故名为卧虹桥，简称虹桥。现在的虹桥是新修饰的，古色古香的两层楼，二楼还被辟为民俗文化展馆。

沈从文故居及墓地

世人知道凤凰、了解凤凰，是从沈从文开始的。他的故居就位于古城之中。老屋始建于清同治五年（1866），系木结构四合院建筑，分为前后两栋，共有房屋10间，沈先生1902年诞生在这里，并在此度过了童年和少年时代。1988年沈老病逝于北京，骨灰葬于凤凰听涛山下，沈老的墓很朴素，甚至没有坟冢，只有一块沈老生前自己选定的五彩石，静静伫立。

民间艺术

在凤凰的大街小巷，总是可以看到精彩的民间艺术，尤以蜡染闻名，东正街、文星街是凤凰古城有名的民间工艺街，街上汇集了众多凤凰当地著名的民间手工艺作坊，而且好几位店主都是“杰出民间艺术大师”。

TIPS

地址 *位于湖南省湘西土家族苗族自治州凤凰县。*
特产 *姜糖、蜡染、银饰。*

南方长城

长城一向被认为是中原地区用以抵御北方游牧部落的防线，但在湖南凤凰，居然也有极少见于史端的南方长城。南方长城又称苗疆边墙，长城总长200公里，始建于明万历年间，几经续修后于明嘉靖年间定型。

凤凰古城中的卖花妇女

洪江古商城 HONGJIANGGUSHANGCHENG 066

最美理由 /

洪江古商城是一座沉睡了500多年的古城，也是国内保存最完整的一座明清时期的商业古城，由完整的街巷、店铺、作坊、会馆、寺庙、商宅、民居组成的大型古建筑群，共380多栋，充拥于山城的每个角落。堪称我国江南民居古建筑之经典，《清明上河图》的活版本。

最美季节 / 四季皆宜

最美看点 / 古城、会馆、窨子屋、福全堂药号、潘存德堂

最美搜索 / 湖南

这里自古以来就是湘西南重要的驿站和繁华的商埠

洪江古商城位于沅、(氵+舞)两水交汇处，历史上是滇黔与沪汉之间水运的必经之地。因得天独厚的水运条件，这里自古以来就是湘西南重要的驿站和繁华的商埠。尤其是明清以后，洪江商贾云集、店铺如林。

古城

洪江古商城的街道分为三种，平整、稍直且长的称为“街”，沿山沟而建的叫作“冲”，冲、街之间因地势变化所形成的走道则称为“巷”。城中完好地保存着一大片自明清至民

国时代的各式商行，还有寺庙、墟场、驿站、衙门、书院、学堂、会馆、作坊、客栈、烟馆、茶楼、报社等，传达着这座城市曾经的繁华。

会馆

由于古商城内来往的各地商客很多，所以城内建有很多商客的会馆。其中太平宫建于清雍正元年（1723），幸存的门坊石雕工艺精湛，场面豪华。

窨子屋

自古湘西多匪患，所以古商城的大户人家纷纷建起了“窨子屋”。“窨”即藏的意思，窨子屋多为两进两层，高高的封火墙，每进只留下一个小小的天井，就如同窨藏一般。

福全堂药号

建于清光绪二十年（1894），为江苏商人胡善仁创办，是当年洪江古商城内规模较大的药号之一，现在还留有当年的中药药柜。

TIPS

地址 位于湖南省怀化市洪江市沅江路西侧。焦柳铁路与209国道经由洪江。

特产 洪江牌桂花酒、洪江“洪油”、瓷器、黔阳大红甜橙、沅陵酥糖、雪峰乌骨鸡、红薯果脯、溆浦朱红橘、黔阳冰糖橙、靖州木洞杨梅、靖州血橙。

晚清时洪江因水运交通便利，逐步成为大西南主要的鸦片集散地，福全堂内陈列了当年大西南鸦片运营的路线图、鸦片的样品。

潘存德堂

这里是当年洪江著名绅士、“洪江四老”之一潘蓉庭先生的宅子。宅院的天井下置有一口太平缸，太平缸上的照壁还保留着当年刷的“福”字，这个福字由仙鹤、喜鹊、乌龟、梅花鹿四种动物和星辰组成，包含福、禄、寿、喜、财五种寓意。

城中完好地保存着一大片自明清至民国时代的各式商行，传达着这座城市曾经的繁华

张谷英村 ZHANGGUYINGCUN 067

最美理由／

张谷英村堪称国内最独特的一个古村落，至今已存在500多年，全村所居2600多人全部为张姓，无一外姓；村中保留大小1732间明清建筑，全部连接在同一个屋檐下，屋屋相通，户户相连，充分体现了汉族聚族而居的特点，堪称“天下第一村”、宗族文化的博物馆。

最美季节／春秋两季

最美看点／布局

最美搜索／湖南

村中保留大小1732间明清建筑，全部连接在同一个屋檐下，屋屋相通，户户相连，充分体现了汉族聚族而居的特点

张谷英村位于湖南岳阳以东的渭洞笔架山下，始建于明洪武年间（1368～1398），张谷英即为其先祖，是位风水先生。其后人便以其名为村名。

布局

张谷英村是个很奇妙的地方。从村庄所倚的龙形山的山坡上看村落的全景，只见屋檐连着屋檐，那偶尔空着的地方就是院里的天井了。因此与其说这里是一个村子，倒不如说是一个由不同的屋子犬牙交错般连接在一起的一个庞大建筑群或者一个大宅子。

张谷英村全村人都姓张，至今已经繁衍

了26代，共2600多人。村中每户人家的门庭都由过厅、会面堂层、祖宗堂屋、后厅“四进”及其与厢房、耳房形成的三个天井组成。但每座房子又都相连在一起成为一个整体。整个大屋建筑面积达5万多平方米，有237个厅堂，1个礼堂，10间教室，1484间民房。下雨天甚至不用打伞，就可以走遍村中所有的地方。

顺着屋脊望去，整个张谷英村好像无数个“井”字组成一般。支撑起张谷英大屋结构的是四通八达的巷道，共计60条巷道，总长1459米；大屋之内布局工整严谨，格局对称，形式、尺度和粉饰色调都趋于和谐统一。最有气魄的是村口的“当大门”建筑，它是整个古村落或者说整个大宅的中心区，其他比较完整的门庭有“上新层”“石大门”“潘家冲”三栋，三栋门庭各自分东、西、南方向设置。

整个古村落并不是一年建好的，从明至清再到民国，后来的张姓人都是按照最初的风格陆续建筑，风格保持了统一。更为奇特的是，大宅里的排水系统完全隐蔽在天井底下横竖有序的石条下，四通八达，无一疏漏，水道通向村外的沟渠注入河流，百年未疏而不堵塞，到今天也没有发现其中的奥妙。

TIPS

特产 油豆腐、仿牙香扇、羽毛工艺扇、烙花烫金扇、书画挂扇、茅花扫帚。

整个古村落并不是一年建好的，从明至清再到民国，后来的张姓人都是按照最初的风格陆续建筑，风格保持了统一

德夯 DEHANG 068

最美理由 /
德夯苗寨是一个融自然山水和苗族风情为一体的旅游区，这里保存着古老而正宗的苗族文化和风土人情，由于德夯藏于深山之中，这里绝壁高耸，峰林重叠，溪河交错，自然风光十分秀丽迷人，有“小张家界”的美称。如果是丰水期去，更可领略国内落差最大的瀑布“流纱瀑”的魅力。

最美季节 / 夏季

最美看点 / 公路奇观、流纱瀑布、燕子峡瀑布群

最美搜索 / 湖南

这里绝壁高耸，峰林重叠，溪河交错，自然风光十分秀丽迷人

德夯位于吉首西面20公里处，“德夯”在苗语中的意思是“美丽的峡谷”。这里已经接近张家界，所以这里的山水同张家界有异曲同工之妙。

公路奇观

湘渝公路最险的一段就在这里，公路奇观建于1933年，历时两年建成，是当时华中通往重庆的唯一通道。现在也是联系华中与西南的重要通道。在水平100米之内，公路共绕了13个弯，上升了数百米，地势非常险要，车行云间，要有过硬的心理素质才敢上这路。在公路最高处还建有公路建筑员工纪

念碑。

流纱瀑布

流纱瀑布位于九龙溪的源头，高达216米，是中国目前最高的瀑布。丰水时滚滚流水从悬崖上飞落入深潭，水流被峡谷中的大风吹得左右飘舞，犹如九龙翻波，吞云吐雾，此情此景，只有“流纱”二字能描绘出它的特点。最妙的是在半山腰的地方修了一条通道，可以从瀑布下面走过去，特别是在接近正下方的地方，会有暴雨倾盆的感受，非常刺激。

燕子峡瀑布群

夯峡溪的尽头是一个深壑的隘谷，两岸石壁如削，峡深300多米，东北西三个方向都是绝壁。峡谷中有一个由10道落差在200米左右的瀑布组成的瀑布群，雨季时瀑布连成一片，宽约300米，景象十分壮观。

TIPS

地址 位于湖南省湘西土家族苗族自治州首府吉首市西郊23公里处，与凤凰、花垣两县交界。

特产 古丈毛尖、土家锦。

“德夯”在苗语中的意思是“美丽的峡谷”

芙蓉镇 FURONGZHEN 069

最美理由 /

谢晋导演在芙蓉镇拍摄了电影而使这个千年古镇名满天下。在芙蓉镇，不仅是将自己置身于老电影的现实场景之中，这里的山水清秀自然，一座座吊脚楼让人感受到独树一帜的土家文化，而满街的石板则如历史书表，记下了一代代光影交织的故事。

最美季节 / 四季皆宜

最美看点 / 老街、瀑布、飞水寨、土家观瀑吊脚楼、溪州铜柱、猛洞河漂流

最美搜索 / 湖南

这里的山水清秀自然，一座座吊脚楼让人感受到独树一帜的土家文化

芙蓉镇已有上千年的历史，原来叫王村，得名于土家族的土司王曾在此龙盘虎踞。王村居民以土家族为主，占 90% 以上。

老街

芙蓉镇上有保存完好的青石板路，街上游人如织，两旁商铺林立，售贩着各种美食和土家族的特色手工制品。电影里，姜文与刘晓庆在晨曦的微光中跳的那一段舞就是在此拍摄的。

瀑布

瀑布就在王村村口，有 60 米高，42 米宽，雨季的时候气势尤为磅礴，水流倾泻而下，形成了漫天水雾，旁边的吊脚楼在雾气氤氲中若隐若现，犹如仙境。

飞水寨

飞水寨是土家族历代土司王的夏宫，坐落在王村瀑布旁的悬崖之上，建筑是“品”字形结构、北斗星座朝门，为明清土家族殿堂式建筑，整个寨子檐角高翘，吊脚长垂，鳞次栉比，错落有致。至今保存完好。电视剧《乌龙山剿匪记》也曾在此拍摄。

土家观瀑吊脚楼

是一家民俗博物馆，从手摇脚踏的棉花机、阉猪鸣号的羊角到世代相传的雕花牙床，近百件散发着乡土气息的民间用具，展示着土家族古老丰富的历史。

溪州铜柱

溪州铜柱是研究土家族古代历史的重要文献，被土家族视为神物。上面铭刻着2300多字，记载了940年楚王与溪州刺史罢兵言和的盟约。现存于芙蓉镇民俗风光馆内。

猛洞河漂流

猛洞河漂流号称“天下第一漂”，上起不二门，下至龙门峡，全长100多公里，素有“九九八拐疑无路，五五潭滩一线天”之称。穿行在原始次生林的高山峡谷之中，一路水碧山青，紧张刺激。

TIPS

地址 位于湖南省永顺县南部王村镇（誉称芙蓉镇）。

特产 “米豆腐”。

满街的石板如历史书表，记下了一代代光影交织的故事

银杏村 YINXINGCUN 070

最美理由 /

银杏村最美的一面就是那3000多棵古银杏树，每年深秋时节，这里便成了金色的海洋，可谓“树树秋声，山山寒色”，尽显云南五彩纷呈的美丽秋景。

最美季节 / 10月下旬至12月中旬最佳，每年深秋，房前屋后，黄叶纷飞，异常美丽

最美看点 / 秋日黄叶

最美搜索 / 云南

家家户户的院里都有村民祖先留下来的百年古银杏树

银杏村原名江东村，是位于云南腾冲县的一个小村庄。明洪武年间，江东先祖从四川到腾冲戍边，或许是饱受征战之苦，取休养生息之意，在房前屋后和庭院里种下了许多故乡的银杏，以此来怀念故乡，久而久之发展为今天的江东村。因为种满了银杏树，这个原名江东村的小村庄便有了一个浪漫的名字——银杏村。

由于受中原文化、腾越文化的熏陶，江东古银杏被赋予了很多文化内涵，历经数百年演化，如今已成为江东人与人之间和谐相处的一种自然习惯。

银杏村与著名的腾冲国家火山地质公园、柱状节理等旅游景点相邻，距腾冲县 40 公里。以“村在林中，林在村中”的自然风光闻名，曾是电影《武侠》的外景地。

由于独特的地理气候原因，银杏村的“赏叶季”较长，每年 10 月下旬至 12 月中旬为最佳观赏期。全村种有 3 万余株银杏，其中有 1000 余株树龄在百年以上，因属火山灰沉积区，当地土地肥沃，气候适宜，银杏成活率高。

珍贵的百年银杏树让这个小村庄显得越发古朴和深邃。秋风过后，金色的杏叶挂在枝条上竟可长达两个多月。深秋时节，漫步在村间小道上，迎面飘来树叶的清香，顺着黑兮兮又有蜂窝孔的火山石堆砌出的围墙一路走，只见围墙一头是简陋的木门，家家户户的院里都有村民祖先留下来的百年古银杏树，也有后人逐年种下的幼嫩苗木，所以色调多样。

村庄地下有许多玄武岩、火山石，村内路面、墙体均用玄武岩建成，甚至小院的“篱笆”都是用火山石堆砌而成，因此还被称作“火山石上的古银杏村”。

TIPS

地址 位于云南省保山腾冲县固东镇。

小院的“篱笆”都是用火山石堆砌而成

川渝山地　Chapter ❺

独特的民族文化和宗教信仰像这里的土地一样原始而神秘。康巴牧歌，抒发出悠远绵长的婉转情调；凉山火把，映红了浓浓激情的彝乡山水。

阆中 LANGZHONG 071

最美理由 / 阆中古城自古被誉为“嘉陵第一江山”，与丽江、平遥和歙县并称是中国现存最完好的四大古城。古城街道布局极具典型性，体现了古代城市建设的风水学理论，是按照古代特别是唐代天文学理论营建且保存尚好的一座古城，显示出浓郁的传统文化色彩。

最美季节 / 四季皆宜

最美看点 / 张飞庙（汉桓侯祠）、清代贡院、华光楼、滕王阁、巴巴寺、杜家客栈

最美搜索 / 四川

古城街道布局极具典型性，体现了古代城市建设的风水学理论

阆中建城2300多年，地处大巴山系和剑门山系余脉交会、嘉陵江三折环绕的小平原上，从秦置县起，历代在此设置郡、州、府、道。古城现存唐宋格局、明清风貌的古街区

1.78 平方公里。

张飞庙（汉桓侯祠）

这里是蜀将张飞埋葬尸骨的地方，建筑主要由山门、敌万楼、左右牌坊、大殿、后殿和张飞墓组成。庙中有张飞及其子孙部将的塑像，还有张飞用过的铁鞭，以及祭祀用的钟、鼓等物。

清代贡院

贡院又称作考棚，是科举时代仕子应试的考场。原来为三进四合庭式建筑，分前院后院，现存前院。前院为考场，后院是斋舍，四周为号房。

华光楼

建于唐代，高 36 米，全楼除底层为石砌拱券外，以上三层为木结构，屋面为琉璃筒瓦，有仙人塑像、屋脊宝顶等，工艺极为考究。站在楼上可以看遍古城，因此有“阆苑第一楼”的美誉。

滕王阁

滕王阁坐落在城北的玉台山山腰，同南昌的滕王阁一样，也是唐高祖李渊的第 22 子滕王元婴所建。后几经兴废，重建于 1989 年。阁前的平地上矗立着一座石塔，塔呈鱼瓶状。此塔有一种奇妙的视觉效应：无论从哪个角度看，塔身仿佛都是向一旁倾斜，使游人虚惊之余而赞叹不已。

巴巴寺

寺建于 1689 年，占地 13000 多平方米，是沙特阿拉伯麦加城伊斯兰噶德林耶教派的创始人太祖阿卜杜·拉希的墓地。寺内砖雕和木雕非常精美，且园林和墓群结合，具有我国西部建筑风格。

杜家客栈

又称杜家大院，建于清代，为前店铺后居室的民居兼商业型院落。大院为木质穿斗结构，串珠式四合院格局。这里最突出的特点是因地制宜，随形借势，在同一中轴线上连串四道天井，从下新街街面直抵嘉陵江江岸。

TIPS

地址 *位于四川省南充市阆中县城，地处川北的嘉陵江中游。*

特产 *丝绸。*

阆中古城

福宝 FUBAO 072

最美理由 /

福宝古镇处于莽莽森林之中，因为与世隔绝，古镇有一种洗尽铅华的寂寥，这里不仅是丰富久远的川南民俗文化的一个拓片，也是古村落的一个纯民间的影子。古镇的民居建造融合了自然与建筑的共有韵律，黑色轻薄的屋顶与白色高大的墙体形成了鲜明对比，而墙体的格子和屋顶的层叠则形成了建筑的节奏，有如一曲凝固的音乐。

最美季节 / 四季皆宜

最美看点 / 回龙街、回龙桥、惜字亭、三宫八庙

最美搜索 / 四川

因为与世隔绝，古镇有一种洗尽铅华的寂寥

福宝古镇又名“佛宝”，陈年木雕般温润饱满的名字，让人一见倾心。古镇始建于元末明初，到明末清初时已“积众数百家，可为巨镇”，成为大漕河流域政治、经济、文化交流中心。500 多年的沧桑，福宝古镇仍然保存着以前的建筑格局。鳞次栉比的屋宇千姿百态，排排吊脚木楼错落有致随山势起伏。一个小小的山区小镇，现在仍有 95% 以上为明清建筑，有 100 多家古店铺。“人”字形的屋顶，层峦叠嶂般的格子墙、风火墙，溪流翠竹绕过民居，建筑与自然环境生长在一起——这是福宝古镇的“标准像”。

TIPS

地址 位于四川省合江县城东南面42公里处，距泸州市103公里，蒲江由南向北从古镇西边穿过，江流迂曲于古镇，经其三面。

特产 竹笋、野菜、豆腐干、老腊肉、红烧鲫鱼、酸菜鳝鱼，合江荔枝。

回龙街

回龙街是全镇现保存最完整的一条古街，街道不长，青石板的石级起起落落，依山势而起，蜿蜒向前。街道两旁的民房一间靠一间，形成九龙巷、刘家巷、包青巷、柴市巷、鸡市巷五条巷道，是当时最热闹的繁华地段。

回龙桥

桥建于清道光二十年(1840)，全长25米，桥面宽4米，拱高6米，用大青石铺就，栏杆是大青石雕刻成歇山式房顶式样，桥中央雕有一条龙。登上回龙桥，可以看到远山的巍峨山峰，往右则是回龙街。

惜字亭

建成于清乾隆五十五年（1790），外观仿八卦图形，高8米，共六层八方，每层每方均镌有不同的深浮雕图案，是专为读书人惜字焚废稿之用，也是天后宫烧钱化纸的地方，故又称“字库”，俗称“化钱炉”。

三宫八庙

小小的古镇，有三宫八庙——清源宫、万寿宫、天后宫、五祖庙、土地庙、张爷庙、禹王庙、火神庙、灯棚、王爷庙、观音庙，足可想象当时福宝古镇的繁华。

古镇的民居建造融合了自然与建筑的共有韵律，
黑色轻薄的屋顶与白色高大的墙体形成了鲜明对比，而墙体的格子和屋顶的层叠则形成了建筑的节奏

上里 SHANGLI 073

最美理由 /

上里古镇是历史上南方丝绸之路古道进入雅安的主要驿站，又是茶马古道上的主要边茶关隘，保留了大量的明清古建筑，古朴的民居院落与茂林、古树、溪水为伴，相映成趣。20世纪30年代，这里是红军长征过境之地，形成一条“红军走廊”。

最美季节 / 四季皆宜

最美看点 / 古桥、牌坊、韩家大院、白马泉

最美搜索 / 四川

上里古镇是历史上南方丝绸之路古道进入雅安的主要驿站

上里古镇二水环绕，背面靠山，面向田园，木屋为舍，形成“井”字形街道。周围平坦的田野中排列着一座座“馒头”似的小山丘，被称为“十八罗汉”，点点农舍掩映在

茂林修竹间，远处是起伏延绵的山峦，呈现出一派秀丽的田园风光。

古桥

上里古镇以桥而闻名。以二仙桥为代表的八座古石桥历史悠久、风格各异。二仙桥建于清乾隆四十一年（1776），是一座造型优美的单洞石拱桥，桥两旁爬满绿幽幽的藤蔓，高高的圆形桥洞倒映在河水中；还有村头的“立交桥”，建于清乾隆十四年（1750），桥面平整，两端为引桥，可上下通行。

牌坊

古镇有3座石牌坊，即双节孝石牌坊、九世同居牌坊和贞节牌坊。双节孝石牌坊建于清道光十九年(1839),高11.25米,进深3米,基座宽7.8米,出檐1.1米,坊上雕刻有以戏曲、历史故事为内容的花纹图饰百余幅。九世同居牌坊建于清嘉庆六年（1801），通高7.2米，面宽16米，坊上楼间雕刻有历史故事、戏曲场面、对联等，是一座记载家族公德和传统的牌坊。

韩家大院

韩家是上里古镇的五大望族之一，韩家大院始建于清嘉庆年间，竣工于清道光四年（1824），院内门窗等处共有千余幅保存完好的镶嵌式木质浮雕精品，历经了三代人的雕刻，方才完工。整个大院分三处7个四合院两个龙门子组成,各个四合天井均有名,有“七星抱月”之说,至今仍居住着几十户韩姓后代。

白马泉

白马泉是蜀中名胜，位于镇子以北8公里处。泉属恒温间歇泉，水温在15℃左右。据考察，现今在全世界发现的间歇泉也仅有24处，而白马泉每天的涌泉规律无从知晓，有时一天可有数次，有时一两天也没有一次，当泉涌过后，泉水回流入泉眼时，则会发出一种奇特的响声，“哒哒”的如马蹄急奔。

TIPS

地址 *位于四川省雅安市雨城区北部。*

古朴的民居院落与茂林、古树、溪水为伴，相映成趣

洛带 LUODAI 074

最美理由 /
洛带古镇是中国西部最大的也是唯一的客家古镇，现仍存留完整的客家建筑、会馆以及民俗民风。洛带的会馆在蜀中甚至全国都算得上是有规模的，保存的面貌绝非其他古镇能比。川北会馆、湖广会馆、江西会馆、广东会馆，一个比一个堂皇，一个比一个气派。

最美季节 / 3～4月

最美看点 / 巫氏大夫第、广东会馆、湖广会馆、江西会馆、四川客家博物馆

最美搜索 / 四川

洛带湖广会馆

洛带之称有两种说法：一说是三国时期蜀皇帝刘禅儿时贪玩，在井边玩时丢玉带于井中，故称“落带”；一说是因龙泉山涧一清泉流入场镇故称“洛带”。明末移民至此，今全镇百分之八十五以上是客家移民的后裔，主要来自广东、江西、湖北、湖南等省的客家人聚居地。

巫氏大夫第

是巫氏家族的祖屋，是洛带镇建筑最早而又保存最完好的客家民居的典型代表。大

夫第建于清乾隆四十四年（1779），整个平面四横二纵，以大门为中轴线对称排列，天井复天井，大院落连着小院落。这里最为有趣的是酿造作坊，此作坊至今还在进行生产销售，是洛带镇现存极少的古作坊之一。

广东会馆

始建于清乾隆十一年（1746），是目前全国保存最完好、规模最宏大的会馆之一，其风火墙建筑风格在四川绝无仅有。由于其气势巍峨，已成为洛带古镇的标志性建筑。

湖广会馆

位于酒坊旁边，四开间两进两层为湖广籍移民于清乾隆八年（1743）捐资修建，会馆坐北朝南，依中轴线对称布局，由牌坊、戏台、耳楼、中后殿和左右厢房构成。馆内天井虽无下水道，但无论下多大雨，即使街上已洪水漫涨，该处都不会淌水漫延，为该馆的一大奇迹。

TIPS

地址 位于四川省成都市龙泉驿区。成渝高速公路、成龙公路可达。距成都市区15公里。

特产 草莓、梨、枇杷、葡萄、桃子、鸡公车。

江西会馆

始建于清乾隆十一年（1746），坐北朝南，为复四合院建筑。江西会馆在整体布局和建筑美学方面都颇有价值，特别是它在中后殿之间的天井里还伸出一个小戏台，构思独特，环境空间布局十分完美，为四川客家会馆中所未曾见。

四川客家博物馆

为全国唯一一家综合性客家博物馆。集中展示了四川客家人入川、安居、创业的历程及成就，馆内陈列的文物多为龙泉驿区出土的历代铜器、陶器、铁器、石刻、陶俑、铁币及燃灯寺部分文物。

江西会馆由江西籍客家移民筹资兴建

罗泉 LUOQUAN 075

最美理由 /

以产盐而闻名天下的罗泉，在清代商贾云集，热闹异常，如今只留下一座保存尚且完好的盐神庙透着过往的苍凉。这里还有绝妙的街形，著名的罗泉会议的旧址，也是古镇曾经辉煌的重要标志。镇外的溶洞奇观早已驰名川中，洞内钟乳石鬼斧神工，颇为壮观，是探险的乐园。

最美季节 / 11月橘子成熟季节

最美看点 / 盐神庙、福音堂、溶洞

最美搜索 / 四川

以产盐而闻名天下的罗泉，在清代商贾云集，热闹异常

罗泉位于四川仁寿、威远、资中三县交界的深丘中，隐藏在沱江支流珠溪河旁。古镇的闻名得益于清朝中期盐业的发达，当时罗泉盐商云集，繁华异常。罗泉盐业自秦沿汉、晋至清，盐井达1500余眼，历史悠久，所产的井盐曾于1925年获巴黎世界博览会金奖。那时的罗泉商贾聚集，马嘶骡叫，热闹非凡。

罗泉古镇民风淳朴、民居保存完整。全镇由一条依山而建的五里长街组成，由于整条长街蜿蜒曲折，酷似蛟龙，因此被誉为“川中第一龙镇”。整个街道由青石板铺成，两边全是竹、木、泥串架结构的绣楼骑店铺式的青瓦建筑，雕梁画栋，翘角飞檐，展示出中国古代建筑艺术发展脉络及川中地区古民居建筑传统风貌。

盐神庙

盐神庙是罗泉盐业发展的最好见证。庙建于清同治七年（1868），庙内供管仲为盐神，关羽和火神则作为管仲的辅佐相伴左右，整个盐神庙重檐三级，翼角高翘，正殿屋顶的群龙嬉戏抢宝图，虽经百年风吹雨打仍栩栩如生。现在盐神庙成了镇上人聚会的场所。

福音堂

古镇上保留着一座原西方渗透传经布道的福音堂，因四川保路运动中的一个重要会议——罗泉井会议在此召开而名垂青史，是古镇曾经辉煌的重要标志。

TIPS

地址 *位于四川仁寿、威远、资中三县交界的深丘中，隐藏在沱江支流珠溪河旁。*

溶洞

镇外5里有一溶洞，曲径通幽，洞内怪石嶙峋，钟乳石千姿百态，地下清泉汩汩流淌，清澈见底。罗泉人有个习俗，就是在端阳节那天一早就杀鸡打糍粑，中午吃了糍粑还要在脸上手上脚上涂上雄黄酒，然后一家大小打着灯笼火把去钻洞子。

罗泉古镇民风淳朴、民居保存完整

丹巴藏寨 DANBAZANGZHAI 076

最美理由 /
丹巴是深藏于横断山脉中鲜为人知的世外桃源，这里素有“千碉之国”的美誉，古老的石砌建筑壮观地矗立在恬静如诗的山谷中，还有壮丽迷人的党岭风光、无限神秘的美人谷、多姿多彩的嘉绒风情，惊现出丹巴的神奇和美丽。
最美季节 / 四季皆宜
最美看点 / 甲居藏寨、梭坡碉楼群、美人谷、党岭
最美搜索 / 四川

这里素有“千碉之国”的美誉

“丹巴”古语称“章谷”，在藏语中就是“在岩石上的城镇”的意思。这里是嘉绒藏族的主要聚居地。丹巴现存古碉建于500～1000年前，全县都有碉楼分布，且主要集中在河谷两岸。或三五成群，或独立于山头，碉与碉之间相互呼应，依山成势，集中的地方，目力所及，数十座碉楼连绵起伏，形成蔚为大观的碉楼群。

甲居藏寨

丹巴山寨是嘉绒藏寨中最具特色的，其中尤以甲居藏寨最为突出。寨楼外形既有寨房的特征，又有碉楼的形态。一般为三层，

也有四层的，一侧还配有厢房。极富民族特色的民居融汇在迤逦连绵的青山中，与周围茂密的树林、清澈的溪流、皑皑的雪峰一起，构成一幅幅田园牧歌式的乡村画卷，被誉为“东方童话世界”。

梭坡碉楼群

梭坡境内的碉楼最多也最出名，有世界上最集中的古碉群，共 84 座，堪称碉楼博物馆。碉楼的外形主要有四角形、五角形、六角形、八角形几种，梭坡的十三角碉是整个藏区三座十三角碉中唯一保存下来的一座。这些高大的建筑巍然屹立，棱角分明。

美人谷

丹巴的美人谷早已名声在外，美人谷中的女孩，不施粉黛，也没有华丽的衣饰，她们仿佛是天生丽质，瘦长而丰腴的体态，曲线天成。据当地人说，西夏王朝灭亡之时，大批皇亲国戚、后宫嫔妃从遥远的宁夏逃到气候温和、山美水秀的丹巴，过着与世无争的桃源生活，从此这里便男俊女俏了。

党岭

党岭是丹巴境内一个与世隔绝的小村庄，这里有着中国最美的秋天，雄奇壮美的雪峰下，各种变叶植物也在秋风的吹拂下将翠绿换成金黄、艳红，陈铺于秋高气爽的骄阳中，呈现出五彩缤纷的璀璨，满山遍野的彩林，美得令人神往。

TIPS

地址 *位于四川省甘孜州东部，东与阿坝州小金县接壤，东南和南部与康定县交界，西与道孚县毗邻，北和东北面与阿坝州金川县相连。*

特产 *白云母。*

碉楼的外形主要有四角形、五角形、六角形、八角形几种

黄龙溪 HUANGLONGXI 077

最美理由 /

山水相抱的黄龙溪曾是“东吴万里船”的第一歇脚点，更经历过“日有千人拱手，夜来万盏明灯”的繁盛，是融巴蜀田园风光与历史人文景观为一体的古镇。古街道、古树、古寺庙、古牌坊、古佛洞、古渡口、古崖墓、古民俗、古战场遗址、古三县衙门，这“十古”成就了蜀南名镇黄龙溪。

最美季节 / 四季皆宜

最美看点 / 古码头、一街三寺庙、古榕树、三县衙门

最美搜索 / 四川

古谚云“黄龙渡青江，真龙内中藏”，黄龙溪由此得名

黄龙溪位于成都双流县，府河和鹿溪河在此交汇，地理位置自古处于双流、仁寿、华阳三县的要冲。古谚云“黄龙渡青江，真龙内中藏”，黄龙溪由此得名。

这里的路面青石铺就，木柱青瓦的吊檐民居大多建于明末清初，属全木结构穿斗建筑，鳞次栉比，错落有致。7 条典型明清建筑风格的街坊共计 1146 米长，有清代民居 76 座（套）。与那些聚集商贾贵人豪宅的古镇迥异，小镇没有官府和大宅，老式民居的一砖一瓦间无不流露出质朴的气息。

古码头

历史上曾是蜀中特别是成都对外交往的一条黄金水道，更是南方丝绸之路的物资集

散地。锦江与鹿溪河（古称赤水）在黄龙溪交汇，河面宽阔，水势平稳，是锦江流域不可多得的天然码头，曾出现过百货山积、帆樯如林的景象。

一街三寺庙

古镇内尚有三座完整的寺庙——古龙寺、镇江寺、潮音寺，皆坐落在正街上，形成黄龙溪古镇一街三寺庙的独特格局。其中古龙寺位于正街之首，规模最大。古龙寺内有古戏台、古寺庙和古榕树，三古结合在一起别具韵味。

古榕树

黄龙溪有六棵大榕树，树龄均在 800 年以上，苍劲的树干显得雄浑厚重，它们与古镇一起历经沧桑，宠辱不惊。其中古龙寺内的一棵古树需 10 人以上才能合抱，树叶的覆盖面积达 300 多平方米。

三县衙门

建于清代，初为“总爷衙门”，民国时期，是华阳、仁寿、彭山三县的“联合办事处”，民间称“三县衙门”。大门楹联“黄龙钻山伸出龙爪抱鸡翅，白马临江勒转马头望虎岩”，把三县衙门的管辖范围全包含在联语中。

TIPS

地址 位于四川省成都市双流县西南。

古镇上，二楼的房子，靠近内街的用作住宅，靠近河边的用来做生意

桃坪羌寨 TAOPINGQIANGZHAI 078

最美理由 /
桃坪羌寨是世界上保存最完整的羌族建筑文化艺术，所有建筑均以石块垒砌而成，远远望去，一片黄褐色的石屋皆顺陡峭的山势依坡逐次上垒，或高或低，错落有致，其间碉堡林立、气势不凡、风格独特，被誉为“神秘的东方古堡”。

最美季节 / 四季皆宜

最美看点 / 羌寨、碉楼、寨房、地下水网

最美搜索 / 四川

桃坪羌寨是世界上保存最完整的羌族建筑文化艺术，所有建筑均以石块垒砌而成

桃坪历史悠久，据史料记载，寨子始建于公元前111年，西汉时即在此设广柔县，桃坪作为县辖隘口和防御重区便已存在，虽历经战乱但终于完整地保存了下来，到现在已有2000多年的历史。

羌寨

寨子位于高山山腰，靠近溪流，是由碉楼与民居合二为一的建筑群。羌寨一反传统古城设东、西、南、北四门的建筑形式，而是筑成了以高碉为中心的放射状8个出入口。

这8个出入口又以13个甬道织成四通八达的路网。墙体和墙体之间的巷道深幽而神秘，走入其中就像步入了历史的迷宫。

碉楼

桃坪羌寨有两座碉楼，均为9层，高约30米。碉楼呈四角形堡垒造型，逐渐向上收缩，高耸入云如刺向苍天的利剑，碉楼内进出的门很小，人只能躬身进退，还有通向河边的暗道和类似于紧急出口的通道，都充满了防御性的色彩。

寨房

寨子里仍然居住着98户“格尔麦阿嘎”，在羌语里是“古巷人家”的意思。每户人家的寨房一般有2～3层，下层是牛羊的圈舍，中层为居室，上层为储藏室；更高的寨房则用作晒坝或是瞭望台。羌族人家每间房屋房顶四角或一角常常垒有一个“小塔”，供奉一块卵状白色石头，那是羌人供奉的白石神；在二楼家家户户都设有火塘，在靠火塘的墙上，都设有祭祀祖先的洞龛。

地下水网

羌寨中的供水系统更令人称奇。流水藏于石板下的通道中，水道纵横交错，形成一个立体的网状。这些流水来自于远方雪山上终年的积雪，四季不断，永不干涸，流经每一户人家的门前或是寨房的底层，冬暖夏凉，沁人心脾，既可供饮用，又可供调温。这些水道很深，甚至可通行人，所以在战争时期，还可以通过水道对敌开展游击战。

TIPS

地址 位于四川省阿坝州理县桃坪乡，距县城41公里。

特产 羌族刺绣、云云鞋、羌族服饰。

桃坪羌寨被誉为“神秘的东方古堡”

涞滩 LAITAN 079

最美理由 /
涞滩傍着渠江，过去曾是著名的码头，一度商贾云集，十分繁华；这里的瓮城是巴渝地区唯一保存完好的古代军事防御设施，古寨中还保存着200米的青石板街道，400余间清代民居。而镇上的二佛寺则是我国规模最大的、罕见的佛教禅宗造像据点。古镇至今沿袭夜间打更传统，每当夜深人静之时，清脆之声在山野村落中回荡，让人仿佛置身远古，勾起游人对历史的追忆。

最美季节 / 春秋两季

最美看点 / 瓮城、二佛寺、文昌宫

最美搜索 / 重庆

涞滩过去曾是著名的码头，一度商贾云集，十分繁华

涞滩古镇始建于宋，清嘉庆年间（1796～1820）为防匪患，涞滩镇沿三面悬崖陡壁筑石头城墙，成为一座古寨，清同治元年（1862）为防太平军入川，在中寨门外增修瓮城，直至今天这道石头城墙依然可见其坚固，足以鉴证当年那一段历史。

古镇濒临渠江，山清水秀，有上、下涞滩之分。下涞滩在渠江边，紧靠渠江码头，有老街一条，现存清代民居400余间，两侧民居多以前店后宅形式出现；上涞滩位于鹫峰山顶，利用三面悬崖峭壁的地形特点以石垒寨为城，构成坚固的御敌工事，气势巍峨，是涞滩古镇、山寨的主体部分。

瓮城

涞滩有四座呈十字对称的城门，寨墙全部是半米多长的条石砌成，石头冷静的质感让人感到这座城墙承载的厚重历史。穿过西门就是瓮城。瓮城四面围墙环绕，东西南北各有一道城门，关闭城门，便形成一个密闭的“瓮”状，有“瓮中捉鳖”之效。

二佛寺

二佛寺是古镇中香火很旺的寺院，兴于宋，是闻名遐迩的千年古刹。叫二佛寺，是因为四川有个世人皆知的乐山大佛，这里不敢再妄自尊大，因此称二佛。寺院里确实有一尊释迦牟尼佛像，高 20 多米，全身斑驳，左手抚膝，右手举竖两指，面目慈祥。二佛寺的南宋石刻堪称一绝，为我国第三石刻艺术高潮的代表作，总计有 42 窟 1700 余尊造像，集中镌刻在二佛寺下殿的南、北、西三面崖石之上。其中禅宗六祖造像在全国石刻中是唯一的一组全家合影塑像。

文昌宫

系清代建筑，为四合院，环境清静，临崖而建。文昌宫内有保存完好的古戏台，木饰的台沿雕饰苍劲古朴。

TIPS

地址 *位于重庆市合川市涞滩镇。*

二佛寺上殿大门——“水月交辉”石坊

西沱 XITUO 080

最美理由 /

西沱古镇有号称“万里长江第一街”“世界上唯一与等高线垂直的街”的云梯街，走在其中，仿佛从凡尘走向云端。街两旁顺坡拖檐、错落有致的土家民居，极富巴渝特色。一梯一底木板房，临街建成街铺，屋后建成吊脚楼，灰瓦白墙，被建筑学家称为“长江沿岸最古老的奇特建筑明珠”。

最美季节 / 春秋两季

最美看点 / 云梯街、禹王宫、龙眼桥

最美搜索 / 重庆

云梯街沿山脊走向由长江岸边直达山顶，石级层层叠叠，石板光耀刺眼

古书记载“西界沱水陆贸易，烟火繁盛，俨然一郡邑也”。西界沱即西沱，此地有一个历来为分界点的回水沱，故名。西沱地处三峡地区川江支流，是黔江土家族地区唯一的长江港口，古代闻名遐迩的“盐镇”，以经营自贡盐享誉巴蜀内外，成为长江支流龙河上游广大山区土产山货的集散地。古镇内主要有下盐店、禹王宫、永成商号、南龙眼桥、北龙眼桥、民亭、万天宫、紫云宫等建筑。

在古镇沿着云梯街拾级而上，古色古香

的会馆、寺观、衙署和洁白飞翘的封火墙、随山而建的吊脚楼、弯弯曲曲的青石板街道、枝叶繁茂的黄桷树组成一幅延续古今的风俗画，尽显巴渝遗风。

云梯街

沿江而建的云梯街依山顺势而建，全长2.5公里，共有113个石级台面，1124级石级踏步，中间设有2个大的转折平台，80个小的间歇小平台，形成一种抑扬顿挫的节奏感。云梯街沿山脊走向由长江岸边直达山顶，石阶层层叠叠，石板光耀刺眼，从江中遥望，状如一挂云梯直上云霄，故名“云梯街”。

禹王宫

西沱遗存了众多的移民会馆和庙堂，建于明代的禹王宫就是其中的代表。禹王宫又称湖广会馆，气势恢宏，有明清建筑遗风，宫内供奉主神大禹。

龙眼桥

建于明末清初，坐落在云梯街临江东西两侧的小溪上，均为单孔石拱桥。每年除夕至正月十五，西沱镇家家户户在街道上、吊脚楼门前、龙眼桥上都挂上了大红灯笼，把云梯街装点得如同一条火龙，而龙眼桥上的灯笼就恰似一对“龙眼”。

TIPS

地址 位于重庆市石柱土家族自治县西沱镇，与忠县石宝寨隔江相望。经石柱县城至西沱公路或乘长江客船可达。距石柱县城80公里。

云梯街，又叫通天街

塘河 TANGHE　081

最美理由 /

作为渝、川、黔交通要冲和物资集散地，塘河古镇遗留了众多的明清遗迹。在古镇重重叠叠的房宇间，几栋巴渝罕见的徽派风格建筑间插其中，令人称奇叫绝。建造于明代的王爷庙，至今还保持着原貌。这里还有重庆市最大的原始桫椤群落，置身于一万多株桫椤中，仿佛进入神话般的远古时代。

最美季节 / 秋冬两季

最美看点 / 王爷庙、龙门号、石龙门庄园、廷重祠

最美搜索 / 重庆

作为渝、川、黔交通要冲和物资集散地，塘河古镇遗留了众多的明清遗迹

塘河自明时建王爷庙开始，陆续建房成为集镇，至清乾隆时期趋于兴盛，因塘河绕场而过得名。古镇现存明清古建筑群近 4 万平方米，由塘河古街区、石龙门庄园、廷重祠三部分组成。塘河古街区占地 0.28 平方公里，现存明清以来不同时代特征风貌的古建筑 1.5 万多平方米。约长 600 米的主街连接着横街子、庙巷子两条小街，设有三道寨门，沿街建筑多以青石为基、砖木竹为墙。此外，塘河古镇还有众多的历史人文景观，有陈独秀、于右任等名人的题刻，千担岩汉墓群、天台寺等，还有寨门、庄园以及闻名全国的 32111 钻井队的英雄纪念馆等。

王爷庙

建于明代，至今还保持着原貌，正殿和戏楼均为飞檐画壁，戏楼台额上犹存的松、竹、梅和篆楷文字更显当年卓越风姿。

龙门号

建于清乾隆四十八年（1783），是当时的船帮会馆，其建筑呈四合院布局，内有天井、马头山墙、卷棚斗拱、撑弓雀替，结构之精巧、工艺之精湛，足见作为船帮会馆的龙门号当时盛极之至。

石龙门庄园

建造于清乾隆初年，占地 2 万平方米，建筑面积 1.32 万平方米，建有房间 520 多间，庄园设计精巧，匠心独运，气势恢宏。穿堂叠殿，九道中门九道关，形成阴森恐怖的“龙门阵”；两厢十八天井珠联璧合为“八阵图”，蔚为大观。

TIPS

地址 位于重庆市江津市西南的渝、川结合部。经重庆至合江公路可达。距江津市40公里。

塘河因塘河绕场而过得名

廷重祠

始建于清光绪十八年（1892），又名“孙家祠堂”，占地 3000 平方米，建筑面积 2000 多平方米，是目前江津地区保存完好的宗祠建筑的典型代表。

中山 ZHONGSHAN 082

最美理由 /

中山古镇位于渝、川、黔交界处的笋溪河畔，与国家级风景名胜区四面山一脉相连，风景优美如画。这里的建筑被专家评为西南地区规模最大、保存最完好、最具有民族特色的古建筑群。距古镇十多公里的原始森林，有国家一级珍稀保护植物桫椤群，更为古镇增添了古老的色彩。

最美季节 / 春秋两季

最美看点 / 古场镇、枣子坪庄园、龙塘庄园

最美搜索 / 重庆

中山古镇位于渝、川、黔交界处的笋溪河畔，风景优美如画

中山古镇俗称三合场，又名龙洞场，自古以来就是贸易繁荣的水运码头和商品物资集散地。古镇还是古庄园、古寨、古堡、古寺庙、古桥、古墩等古建筑的集中地。有以枣子坪庄园、龙塘庄园为代表的古庄园9处，以双峰寺为代表的古寺庙10余处，以朝天嘴古寨、大岩山古寨为代表的古寨古堡3处。

古镇现居有209户人家，居民的生产生活及习俗仍保留着古朴之风。踏着块块黛青石板铺就的老街，在弯弯拐拐的石梯小巷穿行，穿场而过的风中不时弥漫着阵阵草药的清香，铁匠铺里飞溅的炉火和叮叮当当的打

铁声，和谐得竟有一种不需雕琢的艺术风味。

古场镇

古场镇是中山古镇最具代表性的传统民俗建筑老街区。古场镇沿河依山而建，自南向北，沿笋溪河一条龙延伸，全长1586米，共分为江家码头、观音阁、万寿宫、水巷子、一人巷、卷洞桥、月亮坝、盐店头8段。整条老街以青石为基，砖、木、竹为墙，奇檐斗拱，雕梁画栋，错落有致。现保存完好的铺面有307间。

枣子坪庄园

始建于清朝末年，坐西向东，占地4000平方米，建筑面积1700平方米，花门、天井、鱼缸、花台保存完好。其大厅、客厅、卧室、厢房、院坝、花园、踏道均严格按民间风水格局配置，木窗、圆门无不雕刻精湛，巧夺天工。

TIPS

地址 *位于重庆市江津市南部的渝、川、黔交界处的笋溪河畔。*

龙塘庄园

又名余家大院，新中国成立以来至20世纪80年代为中山镇政府驻地。庄园坐落在峰峦起伏的半山腰上，四周是葱绿的林荫，每日早晚成千上万的白鹤、白鹭飞舞在林中，非常美丽。整个庄园建筑面积3500平方米，基本保存完好。整个庄园设计讲究对称、平稳和流通。左右两侧的偏院，结构是一样的。既独立，又与中间的正院紧紧相连在一起。

居民的生产生活及习俗仍保留着古朴之风

边陲小镇 Chapter ⑥

在广袤的中国疆土上，有那么一类小镇，日日守护着祖国的这一头，也夜夜遥望着异国的那一方，静静流淌着纯正的中华血统，也默默吸收了异域的邻国风情……

室韦 SHIWEI 083

最美理由/
内蒙古最北部的室韦小镇依傍着婀娜的额尔古纳河，与俄罗斯相邻，是我国唯一的俄罗斯民族乡。这里有蓝天、白桦林、神秘的玛瑙草原，时缓时急的河水养育着亚洲最美的湿地，远处是木刻楞的木屋，好像置身在电影里的欧洲田园风光中。

最美季节/春夏两季

最美看点/额尔古纳河、木刻楞、中俄第一桥

最美搜索/内蒙古

这里有蓝天、白桦林、神秘的玛瑙草原，时缓时急的河水养育着亚洲最美的湿地

室韦地处内蒙古最北，是我国唯一的俄罗斯民族乡。该乡居住着1800多口人，其中华俄后裔占63%。在历史上，室韦曾经一度辉煌。这里是蒙古族的发祥地。早在隋唐时期，蒙古室韦部落就在这里过着游牧渔猎为主的游牧生活，一代天骄成吉思汗就是从这里发迹。到了近代，十月革命时，一批俄罗斯贵族为避难来到额尔古纳河边上的室韦定居，逐渐与华人通婚，最终形成了一个新的民族——俄罗斯族（华俄后裔）。俄罗斯族人

外貌上带有欧洲人特征，性情乐观豪爽，能歌善舞，饮食和服饰也保留了本民族的特色。

额尔古纳河

额尔古纳河全长970公里，总流域面积大约占据了1/3的呼伦贝尔草原，沿岸是茂密的森林和肥沃的黑土地。“额尔古纳”在蒙语里是弯弯曲曲的意思，额尔古纳河被蒙古族奉为母亲河。如今的额尔古纳河是作为一条中俄界河，就流淌在室韦的村头。河面不过六七十米宽，河对岸就是俄罗斯的奥洛奇村，站在这边，对岸的人、车辆都看得一清二楚。

木刻楞

木刻楞是俄罗斯人典型的民居，全部用圆木对接而成，有棱有角，规范整齐。室内铺设着木地板，干净雅致。木刻楞的另外一个特点，是家家户户都会在自家的屋中挖一个几平方米不等的地窖，是一个天然的大冰箱。而最吸引人的，是房子旁边还有一间全部用木材制作的桑拿浴室，这是爱好清洁的俄罗斯人的洗浴习惯，墙上挂着几束桦树叶子，蒸桑拿时，蘸上水轻轻抽打，会感觉全身放松。

TIPS

地址 位于内蒙古呼伦贝尔市所辖额尔古纳市西北部约167公里。

门票 口岸大桥景点门票25元/人，边防哨所瞭望俄罗斯25元/人。

贴士 亚洲最美的湿地、蒙古族发源地；2005年被CCTV评为“20个中国魅力名镇”之一。

中俄第一桥

奥洛契大桥是一定要去看的，这座大桥是中俄界河上第一座永久性桥梁。大桥全长310余米，桥宽5.1米。桥的对岸是俄罗斯的小镇奥洛契，与室韦隔河相望。一衣带水，室韦很多人有亲戚在对岸，对岸也有亲人在这边。

额济纳 EJINA 084

最美理由 / 额济纳分布着我国目前最为壮观的胡杨林，45万亩胡杨林也是当今世界仅存的三处天然河道胡杨林之一。秋天的额济纳最具魅力，金色的胡杨林像一团团炽烈的火焰；这里还有浩瀚无垠的巴丹吉林沙漠，看被流沙掩没中的古城墙，体会沙漠的柔美与苍凉……

最美季节 / 10月5～15日

最美看点 / 胡杨林、居延海、巴丹吉林大沙漠、西夏黑城

最美搜索 / 内蒙古

浩瀚无垠的巴丹吉林沙漠

额济纳旗，先秦时为大月氏人领地，称“弱水流沙”，汉时称“居延”。300多年前，土尔扈特蒙古族移居到此后，称为额济纳。

胡杨林

胡杨，又名胡桐，蒙古语叫“陶来”，是额济纳绿洲的主体。胡杨是中亚地区唯一适合生长的乔木，这是一个神奇的树种，春夏为绿色，深秋为黄色，冬天为红色，活着一千年不死，死后一千年不倒，倒后一千年不朽。胡杨的身姿如苍龙腾越，虬蟠狂舞，千姿百态，美妙绝伦。

居延海

匈奴语，意即弱水流沙，发源于青海省境内祁连山深处的黑河。在古代，碧波浩渺

的居延海很有名，史书上屡屡提到它。由于环境恶化，居延海一度干涸，现在只有一条涓涓细流警示着人们。

巴丹吉林大沙漠

额济纳的八道桥，有一片瑰丽的沙漠，这就是有着“中国第三大沙漠”之称的巴丹吉林大沙漠。一步一个脚印地踩在柔软的沙地上，看沙丘连绵起伏至遥远的天边，变幻着形状；夕阳西下，沙漠被抹上一层金光，耀眼璀璨，正是诗中景色：大漠孤烟直，长河落日圆。

TIPS

地址 位于内蒙古自治区最西端。
特产 苁蓉、锁阳、甘草、苦豆。

西夏黑城

黑城遗址是我国古代西夏王朝在西部地区重要的农牧业基地和边防要塞，后因无水，才渐渐荒无人烟，成为历史遗址。这座古丝绸之路上保存着最完整的古城，虽经历上千年的风吹雨打，土夯的城墙依然矗立在荒漠戈壁之上。

胡杨的身姿如苍龙腾越，虬蟠狂舞，千姿百态，美妙绝伦

禾木 HEMU 085

最美理由 /

禾木一向是背包客向往的地方，贾登峪—禾木梦幻般的徒步线路，是中国十大经典徒步线路之一。禾木是个被白桦树、雪山和河流包围的美丽村庄。特别是在秋天，禾木村的美丽会让任何人都心醉在这满山金黄的白桦树和一座座雪山中，到处是一幅幅美丽的画卷。远处的喀纳斯河迤逦远去，奔腾在河谷森林间。图瓦人的木屋散落在河谷平原、山坡草甸上，如田园牧歌般的优雅。

最美季节 / 6月

最美看点 / 图瓦村落、木屋

最美搜索 / 新疆

禾木是个被白桦树、雪山和河流包围的美丽村庄

禾木在新疆的最北部，位于新疆布尔津至喀纳斯的一条岔道上。这里是蒙古族支系——图瓦人的聚居地。目前全国有图瓦人2900余人，而禾木图瓦村就有800余人，是中国保留最完整、历史最悠久的图瓦人村部落，也是人类农耕文明之前游牧文化的“活博物馆”。

图瓦亦称“土瓦”或“德瓦”“库库门恰克”。历史悠久，隋唐时称“都播”，元时称“图瓦”“秃巴思”“乌梁梅种人”等。有学者认为，他们是成吉思汗西征时遗留的士兵后裔；而当地年长者则说他们的祖先是500年前从西伯利亚迁徙而来的，与图瓦共和国图瓦人属同种族。图瓦人世代以放牧、狩猎为生，垒木为室，能歌善舞，勇敢强悍，精骑术、善滑雪，居深山密林，沿袭着传统的生活方式。

图瓦村落

清晨，薄雾覆盖着的禾木缥缈的仿佛世外桃源一般。随着太阳渐渐升起，村庄苏醒了，村民将牛羊赶出围栏，一群群牛羊悠悠地走过木桥去对岸吃草；傍晚，村前那一大片白桦林在黄昏和煦的阳光下，呈现着灿烂的金黄色，村庄里一间间小木屋上已经腾起了阵阵的炊烟，暮归的牛羊回到围栏中，俊美的马儿则还在慵懒的绿色草地上漫步。

TIPS

地址　位于新疆北部布尔津县境内。

特产　虫草、鹿茸、蜂蜜等药品。

木屋

喀纳斯地区比较寒冷，图瓦人的房屋皆用山木筑砌而成，木头一根根地往上垒，木屋的墙壁很厚，外层为厚木板，有的甚至用原木；内层用红松木板。墙壁中间用干草塞紧塞满，既防风，又保暖。顶是人字形的尖顶，全用木板制成，用以通风和隔热。

图瓦人的房屋皆用山木筑砌而成

白哈巴 BAIHABA 086

最美理由 /

白哈巴村位于中国与哈萨克斯坦接壤的边境线上，号称中国西部第一村。白哈巴是绚丽的童话世界，粗犷的木屋、潺潺的小溪、广阔的草原、金黄的白桦林、远处白色雪山，在喀纳斯西岸的原野丘陵上自由浪漫地组合，景色令人震撼。

最美季节 / 四季皆宜

最美看点 / 边境线、村庄、秋天

最美搜索 / 新疆

白哈巴坐落在一条碧绿的沟谷中，尖顶房屋的木房如同一堆堆童话中的蘑菇

白哈巴村分三部分居住区，有图瓦人、哈萨克族人、边防连队。这里是图瓦人的密集地，他们保留着原始的生活方式，世世代代都以游牧为生，从不踏出这里半步，几乎不与外界交流。

白哈巴坐落在一条碧绿的沟谷中，尖顶房屋的木房如同一堆堆童话中的蘑菇，星罗棋布地散落在沟的谷底和两面山坡上；村庄的背后是原始森林覆盖的高山，一排排青松顺着沟壑而下，直直地挺立，山上雪峰可见；如果翻过那座高山，就可以看到喀纳斯的全景了，所以白哈巴又有喀纳斯的“后花园”

之称。

边境线

村子的对面就是哈萨克斯坦宽阔的山岭，山上一毛不生，山下林带中的小河，便是国境线，离村不到1公里。村前的山坡上有一抹围墙，围墙里矗立着一座高高的瞭望塔，瞭望塔上飘着一面鲜艳的五星红旗，十分耀眼，这就是白哈巴的边防哨和边防连，边防哨上的哨兵日夜监视着边境线的动静。

村庄

村里只有一条土路，便是村中的大道。村中所有的建筑均由木头筑成，房子是清一色的木屋，高高的人字形顶子，线条整齐，风格粗犷，院落里也堆放着一堆堆的原木，颇有些异国风情。成群的牛羊从各自家门中姗姗地走出，金黄色的桦树、杨树点缀在村中各处，在风中簌簌作响。

秋天

白哈巴村的秋天是最美的，这时的白哈巴仿佛是一个色彩斑斓的童话世界。河谷内的杨树叶是金黄的，山脚下桦树的叶子是火红的，落叶松的针叶下缘是淡黄的，山岗上的草甸一片褐红，白雪覆盖的雪峰，蓝天上飘着云彩，这一切使得白哈巴就像一幅色彩浓郁的天然油画。

TIPS

地址 *位于新疆阿勒泰地区哈巴河县。*

秋日的白桦林

束河 SHUHE　087

最美理由 /

束河古镇是世界文化遗产丽江古城的重要组成部分，至今还保留着茶马文化、农耕文化、纳西文化、生态文化，是茶马古道上保存完好的重要集镇，是纳西族从农耕文明向商业文明过渡的活标本，是纳西先民对外开放和马帮活动形成的集镇建设典范。古镇享有“雪山下的世外桃源”“神秘的纳西原生古村落”“千年清泉之乡”等美誉。历经岁月沧桑，古貌依然，村落与原野浑然一体，生态优美，形成“古道、泉水、人家”的独特景观。

最美季节 / 5～10月

最美看点 / 九鼎龙潭、三圣宫、石莲寺、龙泉寺、四方街

最美搜索 / 云南

束河，纳西语称“绍坞”，意为“高峰下的村寨”

束河古镇距丽江古城4公里。《元一统志》中称“束和”，明代称“束和院”，清代以后称“束河”。春秋战国末期纳西先民迁徙定居于此，是纳西族在丽江坝子中最早的聚居地之一。宋元时期已形成集镇。束河，纳西语称“绍坞”，意为“高峰下的村寨”。

受茶马文化影响，古镇形成多元文化交融，千余户人家有30多种姓氏，一个家庭有

多个民族血缘。民居建筑以纳西族“三坊一照壁”为主导，兼容白族、藏族、汉族等多民族建筑形态，形成与地理环境相融洽的特殊风格。在茶马商贸中发展起来的种养业、铁匠器业、皮革业、竹编业、纺织业、木匠业、酒曲业、画工漆匠业等，经久不衰，有的延续至今。

九鼎龙潭

古镇水源地。青山环抱，泉水清澈，长约百米，宽10～30米，中有廊桥，分潭为二。潭内有珍稀鱼种“高原裂腹鱼”。

三圣宫

原为九鼎龙王庙，清光绪年间改建为三圣宫。平面布局为四合院，坐西朝东，依山就势，花木繁盛。内塑观音、龙王、孙膑，为束河山水灵脉之源，亦为旧时丽江城乡文人雅士聚会之所。

TIPS

地址 *位于滇西北的丽江古城东部，距丽江古城4公里。*

石莲寺

始建于清光绪初年。原石壁间有一天然岩洞，村民以为不吉，依岩建寺堵“虎口”祈求平安。地势高旷，宜于远眺。

龙泉寺

建于清乾隆年间。背倚青山，前临碧潭，寺周古柏参天，以“龙门望月”与“半日闲”闻名遐迩。

四方街

为古镇中心，长宽约50米，是旧时茶马贸易的商业广场，通向四面八方，故名。

束河古镇至今还保留着茶马文化、农耕文化、纳西文化、生态文化

丽江 LIJIANG 088

最美理由 /

联合国教科文组织世界遗产委员会这样评价丽江古城："古城丽江把经济和战略重地与崎岖的地势巧妙地融合在一起，真实、完美地保存和再现了古朴的风貌。古城的建筑历经无数朝代的洗礼，饱经沧桑，它融汇了各个民族的文化特色而声名远扬。"

最美季节 / 四季皆宜

最美看点 / 古城、四方街、民居、木府、五凤楼、纳西古乐

最美搜索 / 云南

美丽的丽江古城

丽江古城位于丽江坝的中部，建于宋末元初。丽江一带迄今流传着一种图画象形文字"东巴文"。这种纳西族先民用来记录东巴教经文的独特文字，是世界上唯一活着的图画象形文。

古城

"家家泉水，户户垂柳"则是这座古城的真实写照。河道上的大石桥、万子桥、南门桥等明清两代建造的石拱桥古貌斑驳，依然横跨在主河上。

四方街

四方街是古城的中心，这里曾是茶马古道上的各路商客们聚首交易的地方。白天，四方街是丽江的货物交易市场；晚上，喧闹的四方街则被酒吧红红的灯笼映衬起来。

民居

当地常见的是“三坊一照壁”式民宅，即主房、厢房与壁围成的三合院。在结构上，一般正房一坊较高，方向朝南，面对照壁，主要供老人居住；东西厢略低，由下辈居住；天井供生活之用，多用砖石铺成。

木府

古城内的木府原为丽江世袭土司木氏的衙署，始建于元代，1998年重建后改为古城博物院。其内悬挂有历代皇帝钦赐的匾额11块，反映了木氏家族的盛衰历史。

五凤楼

五凤楼，原名法云间，始建于明万历二十九年（1601），楼高20米，因其建筑形式酷似五只飞来的彩凤，故名“五凤楼”，楼内的天花板上还绘有多种精美的图案。五凤楼融合了汉、藏、纳西等民族的建筑艺术风格，是中国古代建筑中的稀世珍宝和典型范例。

纳西古乐

纳西古乐被誉为“活的音乐化石”，其历史可追溯到1000多年前。纳西古乐融入了道教法事音乐，儒教典礼音乐，甚至唐宋元的词、曲牌音乐，形成了独特的灵韵。其演奏者多是高寿的老人、老人手中古老的乐器、古老乐器演奏的古曲是纳西古乐的“稀世三宝”。

TIPS

地址 位于云南省丽江坝中央。

特产 丽江粑粑、普洱茶，银器玉石，木刻木雕，皮毛皮包，披肩围巾等手工制品。

丽江古城客栈

沙溪 SHAXI 089

最美理由 /

沙溪（寺登街）区域是茶马古道上唯一幸存的集市。有完整无缺的戏院、旅馆、寺庙、寨门，寺登街区域不但完整保留了茶马古道上传统的山乡古集风貌，还有至今仍在沿袭的鲜活的阿吒力佛教文化、儒家文化和白族民间乡土文化。

最美季节 / 春季

最美看点 / 寨门、四方街、古戏台、兴教寺、欧阳大院

最美搜索 / 云南

这里一度为北进川藏、南入中原以及与东南亚、南亚、西亚各国友好往来的贸易集散地

沙溪位于剑川县南部，是茶马古道的要冲。这里一度为北进川藏、南入中原以及与东南亚、南亚、西亚各国友好往来的贸易集散地。寺登街的民房建筑保持了典型的白族民居建筑特色，三坊一照壁和四合五天井随处可见。

寨门

寺登街过去有三个寨门，如今仅剩一个东寨门，过去南来北往的马帮多走此门，门前石板上当年马帮留下的马蹄窝还清晰可见。呈拱形的门楼全用土坯砌成，虽历数百年而不倒。

TIPS

地址 *位于云南省大理白族自治州剑川县沙溪镇政府所在地。*

四方街

寺登街古集市中心是四方街，街面用条石铺就，两边的房子都是前店后院建筑。

古戏台

位于四方街东，始建于清嘉庆年间，为三层楼魁星阁带戏台结构，前台后阁，结构独特，飞檐叠角，有14个飞角，此种山乡古戏台，全国少有。戏台正对着兴教寺的寺门，其本意是戏台上的表演都是为了敬奉给寺中菩萨的。

兴教寺

位于四方街西，建于明永乐十三年（1415），是国内现今仅存的明代白族“阿吒力”佛教寺院。兴教寺的大殿采用典型的西藏藏法佛教周庑式建筑，二殿则是典型的佛教密宗寺庙建筑。如此格局，一庙多流派，共享人间烟火，这在佛教历史上是不可多见的现象。

欧阳大院

大院是“三坊一照壁”的白族典型建筑，豪华住宅、商店和马店一应俱全，被称为“茶马古道上的五星级马店”。雕梁画栋的院落极其宽敞，门、窗、屋檐无不精雕细琢。其中正堂六扇门上的窗格间精细地雕刻着数百个“福”“寿”字，每个字的写法各不相同，堪称一绝。

兴教寺是国内现今仅存的明代白族“阿吒力”佛教寺院

大理 DALI 090

最美理由 /
大理古城在滇西。一面是碧波万顷的洱海，一面是云缠雾绕的苍山，大理古城就镶嵌在苍山洱海间，成为这气象不凡的山水画卷的中心景致。浪漫的“风花雪月”几乎成了大理的代名词。古城古朴而幽静，城内流淌着清澈的溪水，典雅的白族传统民居随处可见。

最美季节 / 白族的很多节日和盛会多集中在春季3～4月。

最美看点 / 古城、洱海、苍山、崇圣寺三塔、文献楼、洋人街

最美搜索 / 云南

东西南北各有城门，门上建有雄伟的城楼，名称分别为通海、苍山、承恩和永安

古城

原城墙高8米，周长6公里，东西南北各有城门，门上建有雄伟的城楼，名称分别为通海、苍山、承恩和永安。现在仅存南北

两座城楼。大理城内建筑为棋盘式，从南到北有5条街，东西8条巷。路面由青石板铺砌而成。城内“三坊一照壁”的建筑是典型的白族民居。

洱海

古称昆明池，因其状似人耳而得名。洱海湖岸线长117公里，面积250多平方公里；平均水深10.5米，最深21.5米，在全国淡水湖中居第七位。浩渺的洱海上，天水一色，水天相连。

苍山

又称点苍山，因山色苍翠而得名。苍山巍峨壮丽，像一道巨大的屏障，耸立在洱海之滨。苍山由十九峰组成，最高峰马龙峰海拔4122米，终年白雪皑皑，山顶有冰碛湖泊。

崇圣寺三塔

是我国南方最壮丽的塔群，在苍山应乐峰下，背靠苍山，面临洱海，位于原崇圣寺正前方，呈三足鼎立之势。三塔由一大二小三座佛塔组成，主塔名叫千寻塔，与西安大小雁塔同是唐代的典型建筑。

文献楼

位于古城南门外1公里，素有古城第一门之称，是大理古城的标志性建筑。文献楼始建于清康熙年间。楼额悬挂的是云南提督偏图于康熙四十年（1701）所题的“文献名邦”匾额。

洋人街

洋人街全长1000米，宽7米，东西向，一头连着苍山之雪，一头接着洱湖之月。这条小街几乎不是用来通行的，而是用来享受的。整条街上，酒吧、书吧、茶馆、咖啡厅、西餐厅、画廊、首饰店、扎染坊、草编屋等一字排开，充满了浓郁的小资情调。

TIPS

地址 位于云南省洱海西岸大理白族自治州境内。

特产 海东雪梨、雕梅、烤茶、漾濞核桃、炖梅、高河菜、洱海海菜、刺菱角。

美丽的洱海

罗平 LUOPING 091

最美理由 /

油菜花并不少见，但罗平油菜花的规模和气势，却是中国其他地方所不能比的。每年3月，30万亩油菜花迎春怒放，金黄色的油菜花铺天盖地地涌向这个小县城的每一个角落，满眼的黄色让人直呼过瘾。除了一望无垠的油菜花海，罗平还有柔美清幽的多依河，雄奇壮美的九龙瀑，尽得山川湖泊之灵气。

最美季节 / 每年2月下旬～4月上旬，黄金时段为3月。罗平油菜花旅游节2月3日～3月中旬举行。

最美看点 / 油菜花、螺丝田、多依河、九龙瀑

最美搜索 / 云南

最朴实的花朵，从一株到一畦蔓延到四面八方直到天际

罗平是位于滇、黔、桂三省交界处的小城，素有“鸡鸣三省”的美誉，云南的布依族主要都聚居在此。

油菜花

罗平以油菜花出名，30万亩油菜花田每逢春季开放，那是一个庞大得难以想象的花园，即便是拔地而起的峰林，在汹涌的花海面前也显得温柔精致了。金鸡岭是观看大面积油菜花田的绝佳地点。登上山头，原地转一个圈，你会发现这种最朴实的花朵，从一株到一畦蔓延到四面八方直到天际，有一种摄人心魄的气势。

TIPS

地址 位于云南省曲靖市的罗平县，地处滇、桂、黔三省交界的“金三角”地带。

特产 蜂蜜、烤烟、生姜、鸡枞、竹笋、杜仲茶、菜油、老厂酒、烟丝等。民族工艺品有布依族五彩花饭、挎包、彩蛋、靛染服饰、油纸伞、小水车、铜器、水烟筒等。

螺丝田

罗平的牛街有著名的螺丝田，这里是梯田，梯田上有的种油菜，有的种其他如小麦、蔬菜等，都以指纹般的形状开垦，千回百转，花开之际，不同的色块倒也热热闹闹，轻易就化解了山的冷峻和硬朗。

多依河

位于罗平县城东南40公里，全长12公里，有近40个瀑布。河两岸竹林绿树相间，不乏盘根错节的千年古树；河道蜿蜒曲折，河水清澈碧绿，时有竹筏出没其中；布依村寨沿河而布，吊脚楼隐现。

九龙瀑

位于罗平县城东北约20公里处，又称九龙潭，瀑长600米。九龙瀑是一个瀑布群，由下而上依次由十叠瀑布组成，各叠瀑布姿态各异，或雄浑，或险峻，或娟秀，或绮丽。每年农历二月初二，九龙河附近的布依、水、壮、彝各族青年盛装聚此，对歌择偶，别具风格的兵器舞、狮子舞、高跷舞、野毛人舞异彩纷呈。

各叠瀑布姿态各异，或雄浑，或险峻，或娟秀，或绮丽

元阳 YUANYANG 092

最美理由 /

元阳有着绝美的梯田，只要登上元阳随便哪一座山顶，就会看到充满在大地之间的、如山如海般汹涌而来的梯田；而出神入化的云海和让人陶醉的日出日落，则是元阳梯田动态的景致；这里还是哈尼族的聚居地，热热闹闹的长龙宴堪称世界最大的自助餐。

最美季节 次年4月

最美看点 / 日出、云海、梯田、哈尼村落、长龙宴

最美搜索 / 云南

只要登上元阳随便哪一座山顶，就会看到充满在大地之间的、如山如海般汹涌而来的梯田

元阳位于云南省南部，举世闻名的元阳梯田位于元阳县的哀牢山南部，是哈尼族人世世代代留下的杰作。元阳县境内全是崇山峻岭，所有的梯田都修筑在山坡上，有113平方公里，达17万亩，称得上是规模宏大，气势磅礴；仅以一座山坡而论，梯田最高级数达3000级，这样的景观实为罕见。

日出

多依树的日出非常美丽，当第一缕光线射下来的时候，梯田的水面闪起耀眼的亮光，

从山坡一直延伸到山谷的梯田，倒映着晨光，每一秒钟都有新的景色；日出之后的清晨，看烟雨迷雾下若隐若现的多依树村庄，仿佛现实中的梦幻仙境。

云海

红河属谷地，日出之后山谷中最易生大雾，从多依树到胜村一带，是看云海的好地段。云海弥漫在山谷中，浓得化不开的云朵像棉花糖一般。1500 米海拔以下的山峰峡谷都不复存在，被云海淹没；高山则好像浮岛，只露个山尖，如仙琼玉宇。

梯田

老虎嘴是观赏元阳梯田的绝好地方，当年法国的一位摄影师，凭借老虎嘴的一张照片，就被评为当年世界七大自然景观发现之一。老虎嘴梯田面积 12000 亩，是元阳梯田中山势最险峻、气势最恢宏、布局最壮观、面积最大的梯田景区。

哈尼村落

哈尼民俗村位于元阳老县城——新街镇南 6 公里处，坐落于半山腰，占地约 5 公顷，全村有 150 户人家，800 多人。村寨树林异常茂密，鸟啼蝉鸣，充满了浓郁的原始乡土气息。在这里还可以欣赏到哈尼族歌舞表演。

TIPS

地址 *位于云南省红河哈尼族彝族自治州，接近越南边境。*

特产 *元阳鲁沙梨。*

长龙宴

哈尼族的长龙宴堪称一绝。根据哈尼族的历法，十月为岁首，“十月年”是最为重要的节日。哈尼族人会在这段时间内选择吉日，举办“长龙宴”。家家户户都把一桌佳肴摆在村中间的长街上过节，街这边摆一天，那边摆一天，在这两天中，来的都是客，不管认识不认识，都欢迎你来享受这世界上最大的自助餐。

元阳梯田是哈尼族人世世代代留下的杰作

盐井 YANJING 093

最美理由 / 盐井依旧以流传千年的古法制盐，是“茶马古道”上唯一存活的人工原始晒盐风景线，已成为世间仅有的一出绝唱。盐井村还有一座天主教堂，藏传佛教的圣地对应着天主教的穹隆尖顶，在蓝天下和谐共存。

最美季节 / 3～6月为出盐的最佳季节

最美看点 / 盐田、天主教堂

最美搜索 / 西藏

从唐朝以前就有盐井晒盐的历史

盐井位于西藏与云南的交界处，海拔3000米左右，紧依澜沧江，盐井两侧都是4000多米的高山。过去，澜沧江边的盐井是茶马古道从云南进入西藏后的第一个驿站，也是横断山区举足轻重的物资集散地，马帮、驮队一年四季都络绎不绝。盐井晒盐有悠久的历史，据考证，从唐朝以前就有盐井晒盐的历史。综观世界，其他地区也没有盐井式的晒盐方式，是世界上独一无二的。

盐田

澜沧江一路奔腾，在盐井形成了一个近似“S”形的小拐弯，盐田就藏在这道拐弯里。江两岸卤水丰富，像泉水一样涌出。人们在各泉眼处垒石固水，形成一处处井盐，把其中的盐水晾到盐田中，让日光蒸晒，水尽后便是粗盐，再将粗盐背回各家平坦的屋顶进一步晾晒打理就好了。在盐井，制盐的事都是女人来干。男人们的任务，是用骡马把盐巴装袋，然后驮运到盐井小镇的盐市上出售，再由盐贩子把盐巴卖到邻近的藏区。

澜沧江两岸因土质不同，制成的盐分别呈红、白两色，所含成分也不相同。澜沧江右岸也就是西岸的盐田称为红盐，和左岸的白色盐田相比，这边的盐田规模更大，一块块连接成片，绵延不尽，盐田由红泥砌成，卤水池是碧绿颜色，晒好的盐洁白耀眼，这一片色彩在阳光下搭配，质感而迷人。

天主教堂

盐井有一座天主教堂，虽然并不高大，却是整个西藏唯一的一座天主教堂。19 世纪 60 年代，一群化装成商贩的法国传教士冒死进入盐井传教，他们艰苦卓绝的努力最终换来了回报。时至今日，盐井还有很多人信奉天主教，其余则信奉藏传佛教。两派宗教今天平静地和睦相处着。

TIPS

地址 位于西藏自治区东南端，横断山区澜沧江东岸芒康县和德钦县之间，东北与四川巴塘相邻，南与云南德钦接壤。

在盐井，制盐的事都是女人来干

王府
山西霊石王家大院
力群美术馆
绿色食品
地方风味

北方院落

Chapter 7

天南海北，冬去春来，在那些绵长而久远的日子中，或许北上大漠的挑夫从墙下走过，或许精致婉约的女子在墙角绣过女红，不知有多少无忧无虑的孩童从她的脚边滚着铁环快乐地嬉戏游玩……如今这些院落依然默立，看世间风情变幻。

爨底下 CUANDIXIA 094

最美理由 /

爨底下是国内首次发现并保留比较完整的山村古建筑群，400多年的历史，具有“活化石”一般的珍贵价值，在村里至今仍保存着各个历史时期的文物和遗存，是极为难得的历史见证。500间70余套明清时代的四合院民居在山间默然伫立，接受岁月温和的撞击。

最美季节 / 4～10月

最美看点 / 广亮院、关帝庙、南坡梁

最美搜索 / 北京

爨底下既有古堡的幽邃气质，又不失山城的高低错落

爨底下静静隐藏于北京西郊的深山峡谷之中，既有古堡的幽邃气质，又不失山城的高低错落。村始建于明永乐年间（1403～1424），全村都为韩姓，据村里“祖先堂”记载，

现已传至第17辈。古村的发展得益于明正德十四年（1519）修建的古驿道，它是通往河北、山西、内蒙古的必经之路。

古村群山环抱，布局随地形高低变化依山而建，500多间、70余套精巧玲珑的四合院民居，随山势高低变化，分上、下两层，呈扇形向下延展，建筑布局严谨和谐，变化有序。

各个四合院落主次分明。每一户的门廊结构各有不同，因其造型色彩、门钉个数及门前台阶级数的不同而显示着门第的高低。几乎所有的院落都是雕梁画栋，精工细作。高大的门楼两边是精致的壁画、门扇上细巧的门、门阀及门外带有装饰的拴马桩等，无不令人赞叹。

广亮院

位于村落中轴线的最高点，是古村四合院中等级最高的院落。门楼为中型如意门，七级台阶，门口地面由两块石板铺砌，一块青石喻“脚踏青云”，一块紫石喻“紫气东来”。正房五间，其建筑装饰非常精美，充分体现了当时主人的地位。

关帝庙

位于村东半山之上，建于清康熙五十四年（1715），是村民祈雨、祭天、转灯、游庙等多种活动的场所。大庙的建筑等级也是村中最高的，有高大的台基和檐廊，建筑十分精良。

南坡梁

是村前一座景色峻美的山梁，沿山石铺砌的步道，登上山梁，可俯瞰古村全貌，还可观看到金蟾望月、神龟啸天和蝙蝠献福等自然景观。在第二次世界大战时期曾是击退日本侵略者进攻的战场，现为爱国主义教育基地。

TIPS

地址 109国道可通达。距北京市区90公里，距门头沟65公里。

特产 各种应季野菜、瓜果，以4月最多，有香椿、槐花、黄杏、嫩玉米等。除此之外，一年四季都有柴鸡蛋、卤水豆腐干和一些叫不上名字的山草药可以购买。

油画般的美景

鸡鸣驿 JIMINGYI 095

最美理由 /

2003年、2005年，鸡鸣驿两度被世界文化遗产基金会列入世界100处濒危建筑遗产，这种情形在中国是孤例。这座国内现存最大、功能最齐全的古驿站已经在历史中孤独地站立了600年。电影《大话西游》的深情一吻就定格在鸡鸣驿古老的线条和那动人的一抹荒凉中。

最美季节 / 4～10月

最美看点 / 古驿站、古城墙、鸡鸣山

最美搜索 / 河北

这座国内现存最大、功能最齐全的古驿站已经在历史中孤独地站立了600年

鸡鸣驿城始建于元代，1219年成吉思汗率兵西征，在通往西域的大道上设置驿站。到明永乐十八年（1420），鸡鸣驿扩建为宣化府进京城的第一大站，承担军驿、民驿两种功能。直到1913年北洋政府撤销全国驿站，开办邮政局，鸡鸣驿才结束了作为驿站的功能。这里是当今国内规模最大、功能最齐全、保存最完整的一座古代驿站。

古驿站

内设有驿丞署、驿仓、把总署、公馆院、马号等建筑，还有佛、道教的寺庙和戏楼，不少仍保存完好。“公馆院”是专供过往官员、驿卒就餐住宿的驿馆，是一座明代建筑，这座三进院落的北屋，隔扇木插销头做工考究，各个木插销头分别刻有琴、棋、书、画、荷、莲、蝙蝠、蝉等不同的形象，栩栩如生，巧夺天工。据说慈禧太后和光绪皇帝当年西逃时也曾在鸡鸣驿城内住过一晚。

古城墙

明成化八年（1472），鸡鸣驿建土垣，隆庆四年（1570），砖修城池。全城周长2330米，墙高12米，城墙全部包砌砖石。城墙除西城墙中部有段塌陷外，其余部分均整齐地矗立着，棱角分明。在东、西城墙还设有两座城门，门额分别为“鸡鸣山驿”“气冲斗牛”。拱洞高耸，宽厚的大门洞开。《大话西游》最后那幕场景就是在东门拍摄的，古城楼是至尊宝和紫霞热吻的背景。

鸡鸣山

海拔1128.9米，面积17.5平方公里。北魏、唐、辽、明、清历代，都在鸡鸣山上兴建寺庙，最盛时有寺庙108家。最古老的道观为建于北魏孝文帝太和五年（481）的碧霞元君殿，最大的寺院为坐落于半山腰的永宁寺。曾有多部抗战题材影视剧在此拍摄。

TIPS

地址 位于河北省张家口市怀来县西端，西北洋河北岸的鸡鸣山下。

特产 红枣、葡萄。

城墙除西城墙中部有段塌陷外，其余部分均整齐地矗立着，棱角分明

平遥 PINGYAO 096

最美理由 /

平遥古城作为我国保存最为完整的古城而被列为世界文化遗产，堪称华夏文明最典型的代表。始自西周的2700多年历史，保存完好的古城墙，遗留至今的近4000座明清时代建筑，以及曾经的全国金融中心的地位；还有与之共同被列为文化遗产的国内最珍贵的木结构建筑镇国寺、“古代彩塑艺术宝库”双林寺是那样真实而厚重，鲜活而独特。

最美季节 / 8月18日王家大院旅游节

最美看点 / 城墙、票号、市楼、双林寺、镇国寺

最美搜索 / 山西

古城较为完好地保留着明清时期县城的基本风貌

平遥古城始建于西周宣王时期（公元前827～前782），明洪武三年（1370）扩建，距今已有2700多年历史。古城较为完好地保留着明清时期县城的基本风貌，堪称汉民族地区现存最为完整的古城。

城墙

建于明洪武三年（1370），现存有6座城门瓮城、4座角楼和72座敌楼。其中南门城墙段于2004年倒塌，除此以外的其余大部分都至今安好，是中国现存规模较大、历史较早、

保存较完整的古城墙之一，亦是世界遗产平遥古城的核心组成部分。

票号

在中国的金融发展史上具有里程碑的意义。票号就是银行的前身，我国的第一家票号“日升昌”就出现在平遥。清朝末年，总部设在平遥的票号就有二十多家，占全国的一半以上，一度成为中国金融业的中心，堪称中国当时的“华尔街”。现在，平遥城内还保留着日升昌、百川通等票号的旧址。

市楼

位于全城中心，造型挺秀，平座疏朗，屋瓦琉璃灿烂，是平遥古城的象征。市楼为三层，高 15.5 米，踞于古城中央，与城东清虚观、大成殿等高大建筑遥相呼应，构成古城起伏变化的优美轮廓。

双林寺

距今已有 1400 多年的历史，唐槐、宋碑、明钟、壁画交相辉映，构成一方胜境；而各殿内佛、菩萨、天王、金刚、罗汉、力士、供养人、珍禽异兽、山水花木等 2000 余尊彩绘泥塑最为人称道，形神兼备，色彩艳丽，实为明代彩塑中少见的艺术杰作。

镇国寺

始建于五代，距今有 1000 多年的历史。寺内万佛殿是国内现存五代唯一的木结构建筑，以结构精密、造型独特、工艺精湛、殿貌奇古著称于世。

TIPS

地址 位于山西省太原盆地南部的汾河中游东岸，古城东北距首都北京616公里，西距古都西安543公里，与山西省城太原相距仅94公里。

特产 “长升源”、长山药、晋中油糕、平遥碗脱、平遥牛肉，手工布鞋、剪纸。

平遥古城

静升村 JINGSHENGCUN 097

最美理由 /

王家大院是清代民居建筑的集大成者，也是山西最大的一座保存完好的建筑群，号称“三晋第一宅”、“小故宫”，总面积达25万平方米，房屋上千间。穿行其中，叹服的不仅是其规模，更在于主人对细节上的精雕细琢，甚至每一幅雕刻的细部都是那样典雅细腻与意味深长。

最美季节 / 8月18日王家大院旅游节

最美看点 / 高家崖、红门堡、王氏宗祠、静升文庙

最美搜索 / 山西

“王家归来不看院”

王家大院由历史上灵石县四大家族之一的太原王氏后裔所建，从明万历年间至清嘉庆十六年（1573 ~ 1811）的200多年间，静升王氏逐渐修建出红门堡、高家崖堡、西堡子、东南堡和下南堡五座庞大的建筑群，总面积达25万平方米以上，并分别以“龙、凤、虎、龟、麟”五种灵瑞之象建造，堪称中国清代民居建筑的扛鼎之作，其磅礴的气势，让人大有“王家归来不看院”的感觉。

高家崖

高家崖建于清嘉庆年间，前后用了将近20年的时间，这是静升王氏最后修建的一座大型建筑群，也是王家大院现存建筑中最有特点，最具代表性的一处。高家崖的两主院

均为三进式四合院，每院除都有高高在上的祭祖堂和两厢的绣楼外，还有各自的厨院、塾院，并有共同的书院、花院、长工院、围院（家丁院）。

红门堡

红门堡建于清乾隆四年（1739）至乾隆五十八年（1793）间的王家鼎盛时期，总体造型隐了一个“王”字在其中，又附会着龙的造型。设立于红门堡东三甲的中华王氏博物馆，是目前海内外唯一的王氏家族文化博物馆。

王氏宗祠

分为孝义祠、孝义坊，皆是为十五世王梦鹏而建。孝义祠分上、下两院，孝义坊由青石雕制而成，顶上“孝义”二字，为清代著名书记家、内阁学士翁方纲之手迹。王家当年共有牌坊15座之多，幸存下来的唯此一座。

静升文庙

位于王家大院风景区内，始建于元惠宗至元二年（1336），迄今已有近700年的历史。文庙内雕刻细腻的双面镂空石雕“鲤鱼跃龙门”影壁是当今国内极为罕见的元代珍品。

TIPS

地址 位于山西省灵石县城东北12公里处，坐落在风景秀美的绵山脚下，依山傍水，一条大街横贯东西，九沟、八堡、十八街巷散布于北山之麓，错落于小水河畔的王家大院、红庙和文笔塔等古建筑群。

贴士 王家大院与千年古刹资寿寺相距2公里，可一道游览。

穿行其中，叹服的不仅是其规模，更在于主人对细节上的精雕细琢

碛口 QIKOU 098

最美理由 /

晋陕大峡谷中的碛口，曾经作为九曲黄河第一镇，从清乾隆时期到20世纪30年代的200多年间，拥有商埠重镇的流金岁月，鼎盛时码头上的货船并列平行排列于岸边绵延数里，这样的场面即使在今天想象起来也蔚为壮观。碛口古镇的街道、店铺是清代山区传统建筑的典范，古老的街市依稀可见当年的繁荣，站在街道东侧的商铺屋檐下，就可以望到近在咫尺的黄河。

最美季节 / 5～10月

最美看点 / 碛口老街、李家山、西湾

最美搜索 / 山西

晋陕大峡谷中的碛口，曾经作为九曲黄河第一镇

"碛"是指高于水面的成片沙石。黄河第一碛是声名远播的壶口，第二碛就是这碛口镇紧靠的大同碛。明末清初，碛口因位居当时京畿连通西北、塞外往来内地这两条水陆商道的交汇之处而渐成规模。至清末全盛时期，这个依群山、傍黄河的小镇竟云集380多家商铺，成为"水旱码头小都会，九曲黄河第一镇"。

碛口老街

碛口沿黄河一侧，是历经繁华的主街。主街现存不到3公里长，由古老的黄河卵石铺成，街面另有十余条百余米的小巷交错其间。现在看来，老街已经有些颓败、萧瑟，但却更显出它的古朴与厚重。那些当年曾是店铺的高墙大院，展示着这历史上商埠的痕迹。

李家山

李家山村的发现者、著名画家吴冠中先生，把李家山形容为与世隔绝的桃花源。而在昔日风水先生的眼中，李家山是一只展翅欲飞的凤凰。此地的地形为两沟四面坡，村中建筑形式多以砖拱顶（窑洞）明柱厦檐四合院为主，完美地结合了山势的坡度与走向呈阶梯状分布，下一层的窑洞就是上一层窑洞的前庭，从坡底直到坡顶。

TIPS

地址 位于山西省吕梁市临县，隔黄河与陕西吴堡县相望。碛口距太原市230公里，距离石市48公里，距临县县城50公里。

特产 红枣、汾阳杏花村出的汾酒和竹叶青酒。

西湾

西湾村从外看是一座倚在山坡的古堡，布局严谨。西湾村里5条石砌的街巷代表着金木水火土五行，将30多座宅院连为一体，辅以高墙围护，整个村子就成了一个封闭式的城堡，仅南面留有3座大门，寓意天地人，体现了天人合一的思想。

碛口风格独特的民居

张壁 ZHANGBI 099

最美理由 /

以“地上明堡、地下暗道”著称的张壁，是中国唯一具有军事、民用双重用途的城堡遗址，也是世界建筑史上罕见的袖珍城堡。虽然只有0.1平方公里，但黄土地下的张壁是一座让人惊叹的城，错综复杂的地道隐藏着一个个未解之谜。

最美季节 / 四季皆宜

最美看点 / 古堡、古地道、空王佛行宫

最美搜索 / 山西

错综复杂的地道隐藏着一个个未解之谜

古堡

张壁古城堡呈长方形，东西 374 米，南北 244 米，城堡周长 1300 米。从传统的风水观点来看，张壁的地形地貌完全有悖于建筑风水。张壁的地势是南高北低，与传统的建筑应该选择北高南低的原则相反。而张壁古堡的修建者，巧妙地利用这不利的地势，来了个反其道而行之。这就是现在被专家称为“反风水”的张壁古堡的建筑设计。

古堡的南堡门上，镶嵌着一座石雕龙头，它象征着龙首；堡门外的 9 条铺路红石，象征龙须；进入城堡，名为龙街的南北主干道，象征龙身；道路中央这三列平行的红色长石条，则象征着龙脊；在这棵槐抱柳旁，曾有两个涝池，象征着龙眼。堡墙、龙街加上两个龙眼，又组成了一幅太极图。

古地道

张壁的地下隐藏着一个巨大而完整、功能齐全的古代军事防御系统，这就是张壁村地下的古地道。古地道至今保存完好，宛如一座小型的城池，与地面完整的城堡遗留相映生辉，堪称一绝。走进曲折蜿蜒的地道，随着脚步的延伸，将军指挥所、马厩、穿孔通信设施、饮水、排水、土炕、粮仓、水井等渐渐地展现在面前。地道为三层立体，高层距地面仅 1 米左右，中层距地面 8 ~ 10 米，底层距地面 17 ~ 20 米。各高 2 米、宽 1.5 米，土结构，各弯曲迷离，呈网状结构。堡外北、南面沟中有洞口。

TIPS

地址 位于山西省介休市城区东南10公里龙凤乡张壁村。

特产 陈醋。

空王佛行宫

明代的空王佛行宫建造在北门丁字门顶上，在行宫前廊下有两通罕见的琉璃碑，通体琉璃烧造，孔雀蓝底，黑字书写，碑额为青黄绿二龙戏珠，两边为蓝黑龙纹花卉装饰图案。除此之外，堡内还保留着真武庙、三大士殿、吕祖阁、二郎庙、关帝庙、兴隆寺、可汗王祠等古代建筑，金碧辉煌，流光溢彩，大都是明清遗物。

明代的空王佛行宫建造在北门丁字门顶上

党家村 DANGJIACUN 100

最美理由/

黄土高原上的党家村已有600余年历史，村内保留着100多座明清时期的四合院古建筑，令今人仍然可以看到党家村昔日的繁华，无怪乎有考察学者称这里是“东方人类传统民居的活化石”，并被列入“国际传统民居研究项目”。

最美季节/四季皆宜

最美看点/四合院、节孝碑、文星阁

最美搜索/陕西

100多座青砖灰瓦的四合院让人依稀看到党家村昔日的繁华

站在村口的山头上鸟瞰党家村，整个村子的形状恰似一只从黄河滚滚浊浪中突兀而起的帆船；而600多年的风吹雨打，并没有将党家村的“船”形销蚀殆尽，整个村落的格局、轮廓至今仍保存完好。

四合院

党家村最负盛名的当然是它的明清古建筑群。100多座青砖灰瓦的四合院让人依稀看到党家村昔日的繁华。北京四合院的建筑工艺比较集中地显示在通向内院的“垂花门”上，党家村则集中显示在高大气派的走马门楼上。党家村人盖四合院，最讲究门楼子，俗有“穷院子，富门楼”之说。高大的门楼上精美的石雕、砖雕、木雕工艺，还有醒目的门楣题字，无不显示着主人的地位和信仰，炫耀着主人的审美情趣和昔日的荣华。

节孝碑

为青石质体，两丈多高，楼顶为悬山两面坡式，檐上筒瓦包沟、五脊六兽。脊为透雕，横脊中部有一尊1米高的两层圆雕小阁楼，檐下为仿木砖雕。横额四字：“巾帼芳型。”额框由游龙、麒麟、香炉等图案的透雕组成。最高处透雕着三龙捧旨图案，中嵌“皇清”二字，碑的两侧有浮雕花边，远看隐隐约约，如同衬衣上的暗花。

TIPS

地址 位于陕西省韩城市东北方，距市区9公里，西距108国道1.5公里，东距黄河3.5公里。

特产 “大红袍”花椒。

文星阁

文星阁是党家村的标志，已有600多年历史，阁内供奉着圣人孔子以及其10位高徒的牌位。二、三、四层分别供奉着颜渊、曾参、子思以及孟轲的牌位。五层供奉文昌帝的牌位。顶层供奉的则是一手拿笔，一手执卷，正在点元的魁星爷——文曲星的塑像。传说党家村的古建筑百年来丝毫不受损害，一尘不染，原因是这个文星塔上藏有一颗“避尘珠”，所以文星阁一直受到人们的敬仰。

党家村人盖四合院，最讲究门楼子，俗有“穷院子，富门楼”之说

责任编辑： 林小燕
图片提供： 全景图片　达志影像　CFP　黄橙　张娜　阿文　尹海权　赵宇
装帧设计： 何睦
责任印制： 闫立中

图书在版编目（CIP）数据

中国最美 100 个古镇古村 /《图行世界》编辑部编著
. --3 版. -- 北京：中国旅游出版社，2016.4（2022.4 重印）
（图行世界）
ISBN 978-7-5032-5584-7

Ⅰ. ①中…　Ⅱ. ①图…　Ⅲ. ①乡镇 – 旅游指南 – 中国
Ⅳ. ① K928.9

中国版本图书馆 CIP 数据核字（2016）第 067714 号

书　　名： 中国最美 100 个古镇古村

作　　者：《图行世界》编辑部编著
出版发行： 中国旅游出版社
（北京静安东里 6 号　邮编：100028）
http://www.cttp.net.cn　E-mail:cttp@mct.gov.cn
营销中心电话：010-57377108，010-57377109
读者服务部电话：010-57377151
印　　刷： 北京金吉士印刷有限责任公司
版　　次： 2016 年 4 月第 3 版　2022年4月第7次印刷
开　　本： 787 毫米 ×1092 毫米　1/16
印　　张： 14
字　　数： 250 千
定　　价： 49.8 元
I S B N　978-7-5032-5584-7
